KB242800

자유의지의 연금술
The Alchemy of Free Will

임 석 인

순서

자유의지의 연금술

지은이 임 석인

발 행 2026년 1월 25일
펴낸이 임 석인
펴낸곳 시림
출판사등록 제 360-2023-000005
주소 광주광역시 서구 천변좌로 264 3동 303호
Mail si-lim@hanmail.net
ISBN 979-11-93371-14-5 (03230)

이 도서는 국립중앙도서관 및 출판사 서지정보유통지원시스템 홈페이지 (http://seoji.nl.go.kr)와
국가자료공동목록시스템 (http://nl.go.kr/kolisnet)에서 이용하실 수 있습니다.

서문

자유와 사랑이 빚어내는 구원의 대서사시

천사와 인간은 한 창조주로부터 발원했으나, 서로 다른 존재의 궤적을 그리며 빚어진 피조물이다. 천사는 육신이 없는 순수한 영으로, 인간은 흙의 형상에 신의 숨결이 깃든 '생령(生靈)'으로 창조되었다. 이 두 존재에게 부여된 가장 찬란하고도 위태로운 선물은 바로 '자유의지'였다.

그러나 인류는 이 고귀한 선물을 오용함으로써 죄의 굴레에 빠졌고, 낙원의 기쁨 대신 고통과 방황의 역사를 쓰기 시작했다. 홍수라는 거대한 심판의 파도를 넘어 새로운 시대가 열렸음에도, 인간의 의지는 여전히 창조주의 뜻과는 먼 곳을 향했다. 바로 그때부터 하나님은 인간의 역사 속에 깊이 개입하기 시작하셨다. 죄의 사슬을 끊어낼 유일한 길을 제시하기 위해, 마침내 하나님 스스로가 육신을 입고 십자가에서 생명을 내어주는 대속의 정점에 이르셨다.

우리는 지금, 부활하여 승천하신 예수께서 다시 오시마 약속하신 '이미와 아직(already but not yet)' 사이의 긴박한 시간을 살아가고 있다. 여기서 우리는 멈추어 서서 근원적인 질문을 던지게 된다. '전지전능하신 하나님이 왜 굳이 이토록 길고 고통스러운 길을 택하셔야만 했을까?'

애초에 자유의지를 주지 않으셨다면, 혹은 선악과를 만들지 않거나 죄를 지은 즉시 무조건적인 용서를 베푸셨다면 더 쉽지 않았을까? 이 질문은 불신자뿐만 아니라 신앙의 문턱에 선 수많은 이들이 품는 의문이자, 하나님의 전능하심에 대한 도전이기도 하다.

본서는 바로 이 질문에 대한 응답을 찾아가는 여정이다. 인류 역사의 굽이마다 새겨진 하나님의 섭리를 추적하며, 왜 이 '어려운 방법'이 인간의 자유의지를 정금으로 바꾸는 유일한 '구원의 연금술'이었는지를 밝히고자 한다. 이 책이 독자 여러분의 신앙의 지경을 넓히고, 역사를 경영하시는 하나님을 깊이 만나는 통로가 되기를 소망한다.

자유의지의 연금술

Chapter 1 : 천상의 비극 – 지혜의 정점과 최초의 의문

천사와 인간은 한 창조주로부터 발원했으나, 존재의 궤적과 시점을 달리하여 빚어진 피조물이었다. 태초의 정적 속에서 천사들이 먼저 자리를 잡았고, 그로부터 긴 시간이 흐른 뒤에야 비로소 인간의 시대가 예고되었다.

천상의 중심부에는 '로고스(Logos)'가 흐르고 있었다. 그 파동은 단순한 음향이 아니라 존재의 근원이 내뿜는 숨결이었으며, 완벽한 수학적 질서가 소리로 치환된 우주적 화음이었다. 루시엘은 그 화음이 가장 아름답게 결정화(結晶化)된 존재였다. 그의 피부는 반투명한 사파이어처럼 투명하게 빛났고, 그가 사색의 심연에 잠길 때마다 날개 깃털 사이로는 에메랄드빛 광채가 이온화된 입자처럼 신비롭게 흩날렸다. 그는 신의 의지를 갈무리하는 '도서관장'이자, 만물의 형상을 조율하는 '설계 검토자'였다.

어느 날, 창조주의 의지가 투영된 황금빛 양자 평면 위로 새로운 종의 설계도가 떠올랐다.

"인간(Human)"

루시엘은 설계도를 세밀하게 훑어내려 가던 중, 심장 근처에 배치된 기이한 메커니즘에서 시선을 멈췄다. 그것은 '자유의지'라 명명된 비정형 엔진이었다.

우주의 만물은 본래 원인과 결과, 작용과 반작용의 엄격한 인과율 아래 놓여 있다. 별은 정해진 궤도를 순행하고, 천사들은 부여된 직무를 완벽히 수행한다. 그러나 이 '인간'이라는 존재는 그 인과율의 사슬을 끊고 '예측 불가능한 선택'을 감행하도록 설계되어 있었다. 설계 검토자인 루시엘로서는 도저히 납득할 수 없는 설계였다. 완벽해야 할 창조의 질서 속에 치명적인 변수가 침투하고 있다는 확신이 들었다.

루시엘은 창조주를 향해 의문을 제기했다. 그의 음성이 천상을 가득 채운 영기를 타고 낮게 공명했다.

“창조주여, 이것은 불량입니다. 이 메커니즘은 시스템의 무질서도를 무한대로 증폭시킬 것입니다. 저들에게 ‘아니오’라고 말할 권리를 허락하신다면, 결국 우주의 조화는 필연적으로 붕괴되고 말 것입니다. 어찌하여 완벽한 원의 세계에 기하학적 모순을 던져 넣으려 하시나이까?”

창조주의 대답은 거대한 침묵이었다. 그것은 거절이 아니라 깊은 신뢰의 표현이었으며, ‘답은 이미 네 지혜 속에 있다’는 듯한 아득한 응시였다. 그러나 루시엘에게 그 침묵은 처음으로 목격한 전능자의 ‘부재’ 혹은 ‘결함’처럼 느껴졌다.

‘전능자께서도 이 무작위성이 가져올 파멸의 공포를 대답하지 못하시는구나. 이것은 신의 고독이 빚어낸 감상적인 실수다.’

　루시엘의 순백색 의식 속에, 바늘 끝보다 작은 검은 점 하나가 찍혔다. 그것은 순수한 지성이 품은 최초의 의문이자, 광휘(光輝)를 가리는 오만의 탄생이었다.

Chapter 2 : 지식의 덫과 대안의 설계

　루시엘은 자신의 개인 관측소인 '사유의 지평선'으로 물러났다. 그는 창조주의 허락 없이 로고스의 연산력을 일부 전유하여 독자적인 시뮬레이션을 가동하기 시작했다. 수조 개의 가상 시공간이 그의 안중에서 거품처럼 생성되었다가 스러져 갔다.

　그는 시뮬레이션 속에 '자유의지'를 부여받은 인간들을 대입해 보았다. 참담한 결과를 확인하기까지는 그리 오랜 시간이 걸리지 않았다. 첫 번째 연산의 결과는 충격적이었다. 인간들이 서로의 '다름'을 인지하자마자 최초의 살인이 일어난 것이다. 두 번째 연산 역시 참혹했다. 피조물이 신을 부정하고 그 우월함을 증명하고자 바벨의 탑을 쌓다 스스로 멸망에 이르는 결말이 반복되었다. 이후의 수많은 시도 또한 루시엘의 예상에서 조금도 벗어나지 않았다.

　루시엘은 냉소하며 중얼거렸다. "나의 계산은 결코 틀리지 않는다. 저들에게 자유는 곧 저주이며 파멸일 뿐이다."

루시엘은 차가운 분노와 기묘한 희열이 뒤섞인 전율을 느꼈다. 그는 이제 창조주의 설계도를 자신의 의지대로 수정하기 시작했다. 그는 불안정한 자유의지 대신 '절대적 평온의 프로토콜'을 주입했다. 그가 재설계한 가상 세계 속의 인간들은 정교하게 빚어진 아름다운 인형과 같았다. 그들은 결핍을 느끼기 전에 충족되었고, 미워하기 전에 이해했으며, 죽음의 공포 없이 영원히 신을 찬양했다. 갈등이 거세된 낙원. 그것은 오차 없이 세공된 거대한 시계태엽 장치였다. 루시엘은 그 완벽한 정적을 보며 지적인 황홀경에 빠져들었다.

"나는 반역하려는 것이 아니다. 나는 보완하려는 것이다. 신께서 남겨두신 그 불안정한 여백을 나의 지혜로 채워, 비로소 완벽한 우주를 완성하리라."

루시엘의 지혜는 어느덧 스스로를 창조주와 견주려는 야심으로 구체화되고 있었다.

"너 아침의 아들 계명성이여 어찌 그리 하늘에서 떨어졌으며 너 열국을 엎은 자여 어찌 그리 땅에 찍혔는고

네가 네 마음에 이르기를 내가 하늘에 올라 하나님의 뭇 별 위에 내 자리를 높이리라 내가 북극 집회의 산 위에 앉으리라 가장 높은 구름에 올라가 지극히 높은 이와 같아지리라 하는도다.”(이사야 14:12~14)

그는 스스로를 타락한 피조물의 ‘구원자’로 재정의했다. 하지만 그가 설계한 무결점의 낙원에는 결정적인 한 가지가 결여되어 있었다. 그것은 생명만이 가질 수 있는 예측 불가능한 ‘생동감’이었다. 그러나 이미 지식의 데이터에 눈이 먼 루시엘에게 그것은 사소한 오차에 불과했다.

독은 이미 그의 영혼 깊숙이 침투하고 있었다. 눈부시게 빛나던 에메랄드빛 날개 끝이, 아주 미세하고도 서늘한 잿빛으로 물들기 시작했다.

Chapter 3 : 고독한 영웅주의와 추종자들의 결집

루시엘의 거처는 이제 더 이상 창조주의 빛을 반사하는 거울이 아니었다. 그는 오직 자신의 사유로 빚어낸 '절대 논리'의 결정체들을 벽면마다 투사했고, 그 기하학적 문양에서 뿜어져 나오는 날카로운 은색 아우라는 다른 천사들을 매료시키기에 충분했다.

"보라, 불확실성이 제거된 미래를. 고통이 삭제된 존재의 완성을."

루시엘은 자신을 찾아온 천사들에게 시뮬레이션의 결과물을 시연해 보였다. 그의 목소리는 여전히 부드러웠으나, 그 안에는 거부할 수 없는 지적 권위와 선동적인 확신이 서려 있었다. 많은 하급 천사들은 창조주의 '침묵'과 그에 수반되는 모호함에 지쳐 있었다. 그들에게 루시엘이 제시한 명확한 수식과 통제된 낙원은, 신의 난해한 사랑보다 훨씬 안전하고 매혹적인 안식처로 보였다.

그때, 대천사 미가엘이 루시엘의 회랑으로 들어섰다. 그는 형용할 수 없는 위엄을 지니고 있었으며, 그의 황금

빛 갑옷은 여전히 창조주의 자애로운 빛을 정직하게 투영하고 있었다.

"형제여, 그대의 눈 속에 서린 것은 지혜가 아니라 스스로를 가둔 거대한 장벽이오."

미가엘의 음성은 깊은 슬픔으로 떨렸다.

"창조주께서 인간에게 자유를 허락하신 것은 그들이 길을 잃을 것을 몰라서가 아니오. 길을 잃고 방황하다 스스로의 의지로 돌아오는 그 단 한 걸음의 가치가, 강요된 천 걸음의 행진보다 고귀하기 때문이오. 그대는 지금 존엄한 생명을 죽지 않는 기계로 대체하려 하고 있소."

루시엘은 차갑게 미소 지었다. 그의 에메랄드빛 날개는 이제 금속성 광택을 띠며 서늘하게 날을 세우고 있었다.

"미가엘, 당신의 그 맹목적인 순종은 지성의 포기일 뿐이오. 신은 지금 주사위를 던지며 위험한 도박을 하고 계시고, 나는 그 주사위가 바닥에 닿아 비극을 일으키기 전에 결과를 교정하려는 것이오. 누가 진정 자비로운가?

방관하는 신인가, 아니면 고통의 가능성을 원천 봉쇄하는 나인가?”

미가엘은 루시엘의 마음이 이미 돌이킬 수 없는 오만의 심연에 닿았음을 깨달았다. 그는 깊은 탄식과 함께 발길을 돌릴 수밖에 없었다.

미가엘이 떠난 뒤, 루시엘은 자신을 추종하는 무리 앞에서 선언했다. 그는 이제 스스로를 신의 대행자가 아니라, 신의 불완전한 설계를 바로잡는 ‘진정한 창조주’로 인식하기 시작했다. 그의 고독한 영웅주의는 추종자들의 광적인 환호 속에서 서서히 신격화되어 가고 있었다. 천상의 질서에 미세한 균열이 가기 시작한 순간이었다.

Chapter 4 : 비극적 모방과 천상의 첫 번째 전쟁

천상의 극점, '북극 집회의 산' 정상에 루시엘은 자신의 옥좌를 구축했다. 그것은 찬란한 빛의 굴절로 빚어낸 정교한 환상이었으나, 그 위엄만큼은 신의 보좌를 위협할 정도로 비대해져 있었다.

"내가 구름 가장 높은 곳에 올라가 지극히 높은 이와 같아지리라." (이사야 14:14)

그의 오만한 선언과 함께 천상은 거대한 충돌의 소용돌이에 휘말렸다. 그것은 단순히 칼과 방패가 부딪히는 물리적 전쟁이기 이전에, '존재의 정당성'을 건 근원적인 대결이었다. 루시엘의 군대는 한 치의 오차도 없는 진영과 정교한 논리 전술로 미가엘의 군대를 압박했다. 루시엘은 창조주의 권능을 모방하여 자신의 광채를 태양처럼 증폭시켰다. 하지만 그 빛은 만물을 소생시키는 생명의 빛이 아니라, 닿는 모든 것을 재로 만드는 파괴적인 고열에 불과했다.

전쟁의 한복판에서 루시엘은 기이한 공허에 직면했

다. 신의 보좌를 향해 진격할수록, 자신의 근원이었던 로고스의 파동이 오히려 희미해졌기 때문이다. 그는 스스로 빛을 발하고 있다고 믿었으나, 실상은 창조주라는 거대한 시원(始原)으로부터 단절되어 남은 잔광을 소모하고 있을 뿐이었다. 비로소 그는 깨달았다. 자신은 스스로 타오르는 항성이 아니라, 오직 근원의 빛을 반사함으로써만 존재할 수 있는 거울이었음을. 그러나 이미 비가역적인 자유의지의 선택을 내린 그에게 남은 것은 오직 스스로 선택한 결과에 대한 무거운 책임뿐이었다.

미가엘의 불꽃 검이 루시엘의 은색 가슴판을 가르고 들어오는 순간, 루시엘은 보았다. 신의 보좌 주위를 감싸고 있던 것은 진노의 번개가 아니었다. 그것은 자식을 잃어가는 어버이의 처절한 비통함과 거대한 침묵이었다.

루시엘은 그 압도적인 자비의 슬픔에 형용할 수 없는 혐오를 느꼈다.

"끝까지 나를 모욕하는군!"

그는 패배를 직감하면서도 자신의 오류를 인정하는 대신, 창조주의 그 슬픔을 '나약함'으로 규정하며 끝까지

고개를 쳐들었다. 빛의 추락은 그렇게 시작되었다.

Chapter 5 : 루시엘에서 루시퍼로의 변모

추락은 영겁의 시간 동안 이어지는 존재의 해체 작업과 같았다.

천상의 고결한 대기를 벗어나 거친 물질의 세계로 곤두박질치며, 루시엘의 실체는 처절하게 재정의되었다. 에메랄드빛 입자로 찬란했던 날개는 대기와의 마찰 속에서 시커먼 유황불에 타버려, 뼈대만 남은 가죽 날개로 변질되었다. 사파이어 같던 피부는 지옥의 열기에 그을려 창백하고 거친 질감으로 변모했다.

무엇보다 고통스러운 것은 지성의 타락이었다. 우주의 모든 수식을 꿰뚫던 그의 의식은 이제 '증오'와 '복수'라는 단편적인 감정에 함몰되었다. 광대했던 사유의 지평선은 스스로가 만든 논리의 감옥 속에 갇혀 좁고 어둡게 변해갔다.

마침내 빛 한 점 없는 혼돈의 심연, 재투성이 땅에 추락했을 때, 그는 더 이상 신의 광채를 머금은 '루시엘'이 아니었다. 그는 루시퍼가 되어 있었다. 그는 타버린 날개를 천천히 펼치며 일어섰다. 그의 눈동자에는 지혜의 푸른 빛 대신, 심연의 용암처럼 붉은 원한이 이글거리고 있었다. 그는 어둠을 향해 선언했다.

"천상에서 종노릇 하느니, 지옥에서 왕 노릇 하리라."

그는 입가에 번진 검은 피를 닦아내며 까마득한 빛의 세계를 올려다보았다.

"나의 설계는 틀리지 않았다. 다만 이 우주가 내 지혜를 담기에 너무 작았을 뿐이다."

루시퍼는 결심했다. 창조주가 그토록 아끼는 저 '인간'이라는 피조물을 철저히 유린하기로. 신이 부여한 자유의지가 어떻게 스스로를 파멸시키는 날카로운 칼날이 되는지, 에덴이라는 정원에서 가장 잔혹한 실험을 시작할 계획이었다.

천사는 시간과 물질의 제약을 받지 않는 순수 지성이

기에, 그들의 선택은 곧 존재 전체의 투신이며 철회 불가능한 결정이었다. 루시엘은 자유의지의 오용을 통해 '빛을 나르는 자'에서 '대적자(사탄)'로 그 본성이 악에 고착되었다. 천사의 선택은 단번에 본질을 결정짓기에 수정될 데이터가 없었으나, 인간의 선택은 육신의 한계와 시간의 흐름 속에 존재하기에 창조주는 그 틈새에 '회개'라는 자비의 변수를 예비해 두셨다.

루시퍼는 바로 그 점, 즉 나약한 육신 덕분에 주어지는 인간의 '두 번째 기회'를 가장 증오했다. 지옥은 신의 자비가 닿지 않는 물리적 장소가 아니라, 타락한 천사들이 자발적으로 신과 분리되기를 선택한 그 상태 자체를 의미했다.

반면, 자유의지가 있었음에도 반란의 유혹을 거부하고 창조주께 순종한 천사들은 확정된 선의 상태에 도달했다. 그들은 더 이상 타락할 위험 없이 영원한 영광에 참여하게 되었으며, 이후 창조될 인간을 돕고 구원 역사를 섬기는 사역을 부여받게 되었다. 천상의 문은 닫혔고, 이제 지상에서의 소리 없는 전쟁이 시작되려 하고 있었다.

Chapter 6 : 에덴의 실험실 – 금지된 나무의 그림자

루시퍼는 지옥의 끓어오르는 용암 동굴 속에서 자신의 추락을 되새기며 치밀한 계획을 세웠다. 천상의 영광을 잃어버린 그는 더 이상 압도적인 힘으로 대적할 수 없음을 잘 알고 있었다. 이제 그의 접근은 은밀하고도 전략적이어야 했다. 신이 아끼는 인간을 파괴할 가장 효율적인 무기는 역설적이게도 그들이 가진 가장 빛나는 특성, 바로 '자유의지'였다. 그것은 루시퍼 자신이 잘못 사용하여 실패를 맛보았던, 그러나 그 파괴력만큼은 확증된 동력이었다.

루시퍼는 에덴의 경계에서 낙원 안을 들여다보았다. 그곳은 단순한 정원이 아니었다. 로고스의 파동이 실시간으로 물질을 붙들고 있는 거대한 '생명 유지 장치'이자, 신의 자애가 물리적 형태로 결정화된 성소였다. 사자는 어린 양의 목을 무는 대신 그 곁에 평온히 누웠고, 강물은 중력의 법칙을 찬양하듯 우아한 곡선을 그리며 흘렀다.

그 중심에 루시퍼가 '불량품'이라 규정했던 인간이

있었다. 아담과 하와는 빛의 옷을 입은 채 아무런 결핍 없이 낙원을 거닐었다. 그들은 노동하지 않아도 얻었고, 투쟁하지 않아도 존중받았다. 루시퍼는 그들의 가슴 속에서 조용히 박동하는 '자유의지'라는 엔진을 보았다. 그것은 아직 단 한 번도 '아니오'라는 명령어를 수행해 본 적 없는, 순결하고도 위태로운 동력이었다.

루시퍼의 가슴 속에서 타오른 것은 단순한 질투가 아니었다. 그것은 자신의 지혜가 부정당했다는 사실에 대한 거대한 반발이었다. 그는 신의 설계가 틀렸음을 반드시 입증해야만 했다. 인간이 자유의지로 신을 거역하는 순간, 창조주의 '신뢰'는 '오판'이 될 것이며, 우주의 질서는 자신이 예견했던 대로 붕괴할 것이었다. 그것만이 추락한 자신의 존재 정당성을 회복하는 유일한 길이었다.

"가장 연약한 그릇에 나의 지혜를 담으리라."

그는 교활하면서도 아름다운 파충류, 에덴의 뱀의 형상을 취했다. 당시의 뱀은 보석처럼 빛나는 비늘과 깊은 지성을 담은 눈빛으로 인간을 매혹하기에 충분했다. 배로 기어 다니며 흙을 먹으리라는 저주를 받기 전, 뱀은 낙원에서 가장 유려한 피조물 중 하나였다. 루시퍼는 그 화려한 비늘 사이에 독가시 같은 의문을 숨긴 채 하와에게 접근했다.

루시퍼는 아담에게 직접 접근하는 것보다 하와를 통하는 것이 훨씬 효과적임을 간파했다. 하와는 하나님의 명령을 아담을 통해 '전언'으로 들었기에, 그 기억의 파동이 아담보다 미세하게 흔들릴 수 있음을 노린 것이다. 지식과 경험 사이의 그 미세한 간극이야말로 의심이 자라기 가장 좋은 토양이었다.

루시퍼가 유혹의 교향곡을 완성해 가던 순간, 에덴의 대기 속에는 미세한 진동이 일고 있었다. 루시퍼는 그것을 자신의 승리에 반응하는 우주의 공포라 믿었으나, 사실 그것은 창조주의 거대한 슬픔이 빚어낸 '새로운 설계도'의 구동 소음이었다. 루시퍼는 인간이 범죄하면 신이 그들을 즉각 폐기할 것이라 계산했지만, 신의 데이터베이스에는 루시퍼가 결코 이해할 수 없는 '자비'라는 비논리적 함수가 예비되어 있었다.

뱀의 몸으로 선악을 알게 하는 나무를 타고 오르며,

루시퍼는 하와에게서 강한 호기심의 파동을 감지했다. 그녀의 눈은 신이 정해준 한계를 넘어 미지의 세계를 갈망하고 있었다.

“하나님께서 참으로 너희더러 동산 모든 나무의 열매를 먹지 말라 하시더냐?”

이 질문은 하와의 마음을 떠보기에 충분했다. 금지된 나무와 일반적인 나무를 교묘히 섞어 본질을 흐리는 고도의 수법이었다. 하와의 답변은 루시퍼의 기대를 저버리지 않았다.

“먹지도 말고 만지지도 말라... 죽을까 하노라.”

루시퍼는 비늘 아래로 서늘한 쾌재를 불렀다. 하나님은 만지지도 말라 하신 적이 없으며, ‘반드시 죽으리라’는 확정적 선언을 하셨지 ‘죽을지도 모른다’는 불확실성을 말씀하지 않으셨다. 하와의 기억 속에 이미 하나님의 엄위함에 대한 불만이 과장되어 섞여 있음을 확인한 순간, 루시퍼는 이 실험의 성공을 확신했다.

그는 선악과를 인간을 신과 동등한 존재로 ‘업그레이

드'시킬 지식의 열쇠로 포장했다.

"이것은 지배가 아니라 '해방'이다. 너희는 영원히 어린아이로 남을 것인가, 아니면 스스로를 이해하고 판단하는 존재가 될 것인가?"

이 고도의 심리전 앞에 하와는 몹시 흔들리고 있었다. 하지만 루시퍼가 간과한 것이 있었다. 그가 승리를 예감하던 그 순간, 생명나무의 잎사귀 사이로 기이한 빛의 굴절이 일어났다. 창조주는 루시퍼의 반역과 인간의 흔들림을 이미 영원이라는 시간의 평면 위에서 지켜보고 계셨다. 루시퍼가 '의심'의 씨앗을 뿌릴 때, 하나님은 그 토양 밑에 '희생'이라는 뿌리를 준비하고 계셨던 것이다.

Chapter 7 : 최초의 균열, 그리고 공범자들

　루시퍼는 뱀의 붉은 눈동자를 통해 하와의 내면을 꿰뚫어 보았다. 그녀의 심장 속에서 '자유의지'라는 엔진이 굉음을 내며 가동되기 시작했다. 신의 명령이라는 방화벽은 그녀 스스로가 구축한 논리에 의해 조금씩 허물어졌다.

　마침내 하와의 손가락이 붉은 실과에 닿았다. 동산의 생명나무 잎사귀들이 일제히 떨리며 낮게 웅성거렸다. 하와가 떨리는 손으로 선악과를 따서 베어 문 순간, '아삭' 하는 소리는 루시퍼에게 승리의 축포처럼 들렸다.

　열매를 씹는 찰나, 뇌리에 지식의 섬광이 스쳐 지나갔다. 그러나 그 직후, 에덴을 감싸던 따스한 빛의 외투가 벗겨져 나가는 것을 하와는 본능적으로 직감했다. 루시퍼는 그녀의 의식에 '지식'이라는 데이터가 업로드되는 것을 똑똑히 보았다. 하지만 '눈이 밝아졌다'는 것은 축복이 아니었다. 보지 않아도 될 자신의 초라함을 목격하게 된 형벌이었으며, 그 지식이 가져온 첫 번째 산물은 다름 아닌 '수치심'이었다.

하와는 곁에 있던 아담에게 열매를 건넸다. 아담의 망설임은 잠시였다. 사랑하는 존재가 택한 길을 외면하지 못하는, 지극히 인간적인 '관계'라는 변수가 그의 이성을 압도했다. 자신의 신체 일부로 빚어진 하와를 자신에게서 떼어내는 것은 죽음보다 힘든 일이었다. 더욱이 아담은 아직 하나님의 진노를 경험해 본 적이 없었기에, 죄의 무게를 너무나 가볍게 간과하고 있었다.

아담 역시 열매를 베어 물었다. 그 순간, 그들을 포근하게 감싸고 있던 하나님의 영광이라는 투명한 외투가 증발하듯 사라졌다. 루시퍼는 환호했다. 신의 가장 완벽한 창조물이 신의 가장 엄중한 명령을 거역했으므로, 이것은 창조주의 설계도에 대한 명백한 오류라고 그는 확신했다.

루시퍼는 인간이 수치심 때문에 신을 영원히 피하고 증오하게 될 것이라 믿으며 어둠 속으로 몸을 감추었다. 그러나 그는 알지 못했다. 인간이 나무 뒤로 숨으며 느낀 그 참담한 수치심이야말로, 그들이 여전히 선한 본질을 기억하고 있다는 영혼의 신음임을 말이다. 그 수치심은 훗날 '회개'로 이어질 수 있는 유일한 통로였다. 루시퍼의 전략은 반쪽의 승리에 불과했다.

인간은 이제 죄책감과 공포라는 새로운 감정에 압도되어 길을 잃었다. 그들은 최고의 선물인 '자유의지'를 오용하여 하나님을 거짓말쟁이로, 사탄을 진실한 자로 선택하는 오답을 내놓았다. 이 선택으로 인해 인간은 스스로 사탄의 종이 되었고, 자신들에게 주어졌던 통치권은 사탄에게 위임되었다.

"마귀가 또 예수를 이끌고 올라가서 순식간에 천하만국을 보이며 이르되 이 모든 권위와 그 영광을 내가 네게 주리라 이것은 내게 넘겨준 것이므로 내가 원하는 자에게 주노라." (누가복음 4:5~6)

루시퍼는 인간의 자유의지가 신을 향한 칼날이 될 것이라 믿었지만, 훗날 그 칼날에 스스로 찔려 죽어가는 인간을 보며 신이 직접 피 흘리기로 결정하신 '구속의 연금술'이 이미 가동되고 있음을 깨닫지 못했다.

"아담아, 네가 어디 있느냐?"

동산 저편에서 들려오는 나직한 부름은 심판자의 호

통이 아니라, 잃어버린 자식을 찾는 부모의 비통한 떨림이었다. '눈이 밝아진' 아담과 하와는 자신들이 사탄의 무리에 합류하게 된 처참한 진실을 깨닫고 공포에 떨며 숨어버렸다. 루시퍼는 그들의 고통을 보며 차갑게 미소 지었다.

"보았는가, 창조주여. 당신의 피조물은 '자유'라는 선물을 감당할 능력이 없다. 이제 그들은 지식의 대가로 영원히 스스로를 혐오하고 불안에 떨며, 내가 만든 '죄의 중력' 속으로 끝없이 추락할 것이다."

그는 인간의 마음속에 '불안'이라는 엔진을 달아주었다. 이제 그 불안은 스스로 증폭되어 인류의 역사를 관통하는 거대한 동력이 될 터였다. 하지만 어둠이 짙어질수록, 그 어둠을 뚫고 내려올 '빛의 연금술' 또한 더욱 세밀하게 준비되고 있었다.

Chapter 8 : 배신의 결과 — 유한한 시간의 감옥과 영의 몰락

선악과를 따 먹은 그 찰나, 에덴의 대기를 가득 채우고 있던 찬란한 로고스의 파동이 일순간 정지했다. 그것은 우주 역사상 가장 거대한 시스템의 붕괴였다. 사탄은 뱀의 안구 너머로 그 참혹한 광경을 지켜보며 소름 끼치는 전율을 느꼈다. 그가 예견했던 '불량품의 오작동'이 마침내 현실이 되었고, 창조주의 완벽한 설계도에는 회복 불가능해 보이는 검은 얼룩이 새겨졌다.

배신의 대가는 즉각적이었다. 그중에서도 가장 치명적인 것은 '영원의 차단'이었다. 본래 인간은 시간의 흐름에 마모되지 않는 무한한 에너지 원천과 연결된 존재였다. 그들에게 시간은 소비되는 결핍이 아니라, 신의 영광 안에서 영원히 누리는 축복이었다. 그러나 범죄의 순간, 그 무한한 동력원으로부터 인간의 의식이 강제 차단되었다. 무한과 유한 사이에는 어떤 공식으로도 메울 수 없는 절망적인 간극이 발생했다.

"

인간은 이제 태어나는 순간부터 죽음을 향해 초읽기를 시작하는 '카운트다운의 노예'가 되었다. 시간은 더 이상 안식처가 아니라 인간의 영혼을 갉아먹는 날카로운 톱니바퀴가 되어, 매 순간 생명을 미세하게 잘라내기 시작했다. 유한성을 깨닫는 순간 인간의 내면에 이식된 것은 다름 아닌 '불안'이었다. 사라질 것에 대한 집착과 소멸에 대한 근원적 공포가 인류의 새로운 본성이 된 것이다.

더욱 본질적인 비극은 인간의 실체인 '영적 핵'의 기능 정지였다. 창조주께서 흙으로 인간을 빚고 그 코에 자신의 숨결인 '생기'를 불어넣으셨을 때, 인간은 비로소 물질세계를 초월하는 '생령(Living Spirit)'으로 기능했다. 육체는 영을 담아 물질세계와 상호작용하기 위한 정교한 인터페이스일 뿐, 인간의 참된 정체성은 신과 공명하는 그 '영'에 있었다. 그러나 단 하나의 계명을 파기한 순간, 신의 빛을 수신하던 영적 안테나가 꺾였다.

성경의 "정녕 죽으리라"는 선언은 단순히 생물학적 심장의 정지를 뜻하는 것이 아니었다. 그것은 신과의 연결이 끊어짐으로써 인간의 가장 고귀한 부분인 '영'이 기능을 멈춘, 즉 실체적인 죽음을 의미했다. 영이 죽어버린 인간은 엔진이 꺼진 채 관성으로 움직이는 기계와 같았다. 사탄은 냉소했다.

"보라, 죽은 자들이 산 자를 흉내 내는구나. 육체는 살아 움직이나, 그 안의 진정한 주인은 이미 어둠 속으로 침잠했도다."

영의 지도를 잃어버린 육체는 이제 무질서한 욕망의 폭주를 시작했다. 가치를 판단하던 영적 나침반이 사라지자, 인간은 썩어질 육체의 욕구에 매몰되는 비천한 존재로 전락했다.

죄와 함께 들어온 것은 죽음의 그림자뿐만이 아니었다. 슬픔과 고통, 생존을 위한 처절한 수고가 낙원의 빛을 잿빛으로 물들였다. 인간이 다스려야 할 자연은 이제 인간을 배신한 원수처럼 가시와 엉겅퀴를 내며 생존을 위협했다. 하나님의 지혜로 만물을 통치하던 인간이, 이제는 흙에서 난 것을 얻기 위해 흙과 사투를 벌여야 하는 '노동의 노예'가 된 것이다. 하와에게는 생명의 탄생이라는 신적 행위에 '해산의 고통'이 더해졌고, 아담에게는 즐

거움이었던 관리자의 직무가 가혹한 '생존 투쟁'으로 변질되었다.

사탄은 이 황폐해진 풍경을 보며 지독한 희열을 느꼈다. 자유의지가 빚어낸 이 연금술의 결과물은 찬란한 황금이 아니라, 영혼을 짓누르는 차가운 '납'이었다. 인간은 스스로 신이 되려 했으나 짐승보다 못한 처지로 추락했다. 에덴은 이제 거룩한 정원이 아니라, 죄라는 전염병이 창궐한 격리 구역이 되었다.

에덴의 동쪽 문이 닫히고, 그 위로 거대한 불꽃의 소용돌이가 휘몰아치기 시작했다. 하나님은 그룹들과 '두루 도는 화염검'을 배치하여 동산을 완전히 차단하셨다. 인간의 시선에서 그것은 냉혹한 거절이자 심판의 칼날이었다.

그러나 이 서늘한 불꽃 뒤에는 타락한 인류를 향한 창조주의 가장 절박한 '배려'가 숨어 있었다. 사탄은 하나님의 진짜 의도를 읽지 못했다. 만약 죄에 오염된 인간이 그 상태로 '생명나무의 실과'를 먹어 영생하게 되었다면 어떻게 되었을까? 그것은 회복의 기회가 완전히 사라진 채 영원히 타락한 상태로 고통받아야 하는, 수정 불가능한 '지상의 지옥'이 되었을 것이다. 하나님은 인간이 영원한 악마가 되는 것을 막기 위해 생명나무로 가는 길을 물리적으로 차단하신 것이다. 화염검은 인간을 죽이기 위한 칼이 아니라, 인간이 '영원히 죽지 못하는 비극'에 빠지지 않도록 보호하는 거룩한 방화벽이었다.

무한한 존재로 창조되었던 인간에게 '죽음'이 찾아온 것은 분명한 형벌이었으나, 역설적으로 그것은 하나님의 마지막 은혜이기도 했다. 죄로 인해 고통이 일상이 된 세상에서 인간이 영원히 산다는 것은 끝없는 형벌과 같다. 하나님은 인간의 수명을 제한함으로써 고통스러운 삶에 '마침표'가 있게 하셨다. 화염검의 장벽은 인간에게 이렇게 말하는 듯했다.

"너희가 지금의 상태로 영원히 존재해서는 안 된다. 너희의 존재는 다시 해체되어 재창조되어야만 한다."

즉, 죽음은 소멸이 아니라, 오염된 옛 자아를 벗어버리고 하나님의 새로운 연금술로 회복되기 위한 필수적인 정지 과정이었다.

　　에덴의 차단은 영구적인 폐쇄가 아니라, 진정한 회복이 일어날 때까지의 ‘임시 보호 조치’였다. 하나님은 훗날 ‘여자의 후손’이 오셔서 그 화염검의 심판을 대신 몸으로 받아내고 다시 생명나무의 길을 여실 때까지 인간을 안전하게 격리해 두신 것이다.

　　사탄은 화염검을 보며 자신의 승리를 확신했으나, 하나님은 그 불꽃 너머에서 인류를 다시 빚어낼 거대한 구속의 계획을 설계하고 계셨다. 화염검의 날카로운 불꽃은 사실 잃어버린 자식을 다시 품에 안기 위해 창조주가 홀로 감내해야 했던 슬픔의 빛이었으며, 회복의 날을 향한 약속의 징표였다. 인간의 영이 다시 살아나고 유한한 시간이 무한으로 환원될 그 위대한 연금술의 완성을 위해, 인류는 이제 긴 방랑의 역사를 시작하게 된 것이다.

Chapter 9 : 긍휼과 자비 그리고 심판 — 가죽 옷에 새겨진 붉은 언약

에덴의 동쪽으로 밀려나는 인간의 발걸음은 무거웠다. 발밑의 흙은 더 이상 그들에게 순종하지 않았고, 대기는 서늘한 생경함으로 가득 찼다. 인간은 비로소 깨달았다. 자신들이 벗어버린 것은 단순한 옷이 아니라 창조주의 영광이라는 보호막이었음을. 수치심은 영혼의 피부를 뚫고 들어와 그들을 떨게 만들었다.

죄는 행위의 위반을 넘어 인간의 본질적인 성품을 송두리째 뒤틀어 놓았다. "내 뼈 중의 뼈요 살 중의 살"이라고 고백하던 찬란한 사랑의 언어는 사라지고, 그 자리에 날카로운 '책임 전가'가 들어앉았다. 거룩한 공명이 깨진 자리에는 오직 자신을 보호하기 위해 타인을 제물로 바치려는 비겁한 생존 본능만이 꿈틀댔다.

하나님께서 동산을 거니시며 그들을 찾으셨을 때, 인간이 보인 반응은 연합의 처참한 붕괴였다. 하와는 자신의 선택 앞에 고개를 숙이는 대신 뱀을 가리켰다. "뱀이

나를 꾀므로 내가 먹었나이다." 그녀의 대답은 사실이었을지 모르나, 그 속에는 '나는 유혹의 피해자일 뿐'이라는 책임 회피의 논리가 숨어 있었다. 아담의 태도는 더욱 처참했다. 그는 한때 목숨보다 아꼈던 아내를 범죄의 주범으로 지목하며, 은근히 그 여자를 창조하신 하나님께 화살을 돌렸다.

"하나님이 주셔서 나와 함께 있게 하신 여자 그가 그 나무 열매를 내게 주므로 내가 먹었나이다."

사랑의 대상이었던 타인은 나의 추락을 정당화하기 위한 도구로 전락했고, 창조주는 원망의 대상으로 변질되었다. 이것이 영이 죽어버린 인간이 보여준 성품의 몰락이었다.

하지만 공의의 하나님은 이 비겁한 변명들에 흔들리지 않으셨다. 하나님은 온 우주의 재판장으로서 당신이 세우신 법칙을 스스로 깨뜨릴 수 없는 분이다. 만약 죄를 보고도 단순히 묵인하셨다면 우주의 도덕적 기초는 붕괴했을 것이다. 하나님의 성품인 '사랑과 공의'는 동전의 양면과 같아서, 공의 없는 사랑은 방종이며 사랑 없는 공의는 살육에 불과하다.

하나님은 스스로 구원하기 위해 무화과 잎을 엮던 인간들을 위해 '가죽 옷'을 준비하셨다. 이 행위는 공의와 사랑이 만나는 지점이었다. 가죽을 얻기 위해서는 누군가의 생명이 희생되어야만 한다. 평화롭던 에덴에 최초의 피 흘림이 발생한 것이다. 짐승의 단비명이 정적을 깨뜨렸고, 붉은 혈흔이 대지를 적셨다. 인간의 죄를 누군가가 대신 치러야 한다는 '대속의 원리'가 역사 속에 처음 등장하는 순간이었다.

하나님께서 아담에게 내리신 판결은 준엄했다. 땅은 아담의 죄로 인해 저주를 받아 가시와 엉겅퀴를 내었고, 만물의 영장으로서 누리던 통치권은 상실되었다. "얼굴에 땀을 흘려야 먹을 것을 먹으리니"라는 선언은 평생을 바쳐야 하는 생존 경쟁의 피로함과 결핍을 예고했다. 그리고 "너는 흙이니 흙으로 돌아갈 것이니라"는 선언은 인류 역사상 가장 비극적인 마침표가 되었다.

이 형벌의 대서사시 속에서 우리는 "육체의 생명은 피에 있음이라"는 엄중한 명제를 마주한다. 죄로 인해 인간의 피는 오염되었고 영원한 박동은 멈췄다. 하나님은 가죽 옷을 지어 입히시기 위해 무고한 짐승의 피를 요구하셨고, 그 붉은 언약은 훗날 골고다의 십자가에서 완성될 구속의 서막이 되었다.

아담에게 내리신 벌은 가혹했으나 그 목적은 멸절이 아닌 '기억'에 있었다. 가시덤불에 찔리고 땀을 흘리며 흙으로 돌아가는 순간마다, 인간은 자신이 누구인지, 그리고 누구를 떠나왔는지를 기억해야만 했다. 인류가 짊어진 고난과 유한한 생명은 우리 스스로는 결코 죄의 사슬을 끊을 수 없다는 절망적인 고백을 이끌어낸다.

에덴의 문은 닫혔으나 가죽 옷에 새겨진 붉은 언약은 절망의 땅에서 피어날 희망의 증표였다. 창조주의 법을 지키기 위해 기꺼이 자신을 희생의 제단에 올리실 신실한 아버지의 계획이 그렇게 시작되었다. 인류는 이제 에덴의 동쪽, 황무지로 첫발을 내디뎠지만, 그들의 몸 위에는 따스하고 묵직한 가죽 옷이 입혀져 있었다. 그것은 언젠가 다시 열릴 약속의 문을 향한 이정표였다.

Chapter 10 : 땅에서 호소하는 핏소리 — 가중된 저주와 유리(遊離)

아벨의 피가 땅에 뿌려지는 순간, 에덴 밖의 물리적 법칙은 더욱 냉혹해졌다. "네 아우의 핏소리가 땅에서부터 내게 호소하느니라." 생명이 피에 있다는 원리는, 무고한 피의 흘림이 창조주의 공의를 일깨우는 강력한 부르짖음이 된다는 사실을 계시한다.

아담의 죄로 인해 가시를 내던 땅은, 이제 사람의 피를 삼킨 대가로 그 효력을 더욱 강력하게 거두어들였다. 밭을 갈아도 응답하지 않는 대지 위에서 인간은 육체적 노동의 고통에 더해, 정착할 곳을 찾지 못하는 영혼의 허기를 안고 '유리하는 자'가 되었다. 하나님을 떠난 인간에게 남겨진 것은 존재론적인 불안이었다. 가인이 성을 쌓은 것은 그가 위대한 건축가여서가 아니라, 언제 어디서 죽임을 당할지 모른다는 공포를 가리기 위한 가련한 방어 기제였다.

가인의 후손들은 에덴의 기억을 지우기 위해 스스로

의 힘으로 낙원을 건설하려 했다. 그들은 화려한 문명을 일구었으나, 그 문명의 뿌리에는 항상 '나'를 지키기 위한 오만과 폭력이 자리 잡고 있었다. 가축을 치는 자의 조상 야발은 '소유'를 통해 안정을 찾으려 했고, 예술의 조상 유발은 '풍류'를 통해 신음하는 영혼을 달래려 했다. 그러나 하나님 없는 소유와 향락은 본질적인 공허를 메우지 못했다. 기술의 조상 두발가인이 만든 구리와 쇠 기구는 곧바로 살육의 무기로 변모했다. 죄가 세대를 거듭하며 기하급수적으로 흉포해지는 문명의 자화상이었다.

비극의 역사가 흐르는 가운데 하나님께서는 아벨 대신 '셋'이라는 새로운 씨를 허락하셨다. 셋의 계보는 화려한 성을 쌓지는 않았으나 인간의 한계를 인정하고 창조주의 이름을 부르는 길을 택했다. 에노스 대에 이르러 비로소 사람들은 '여호와의 이름'을 부르기 시작했다. 이는 자기 힘으로 살 수 없음을 깨달은 인간의 겸손한 항복이었다. 특히 에녹은 하나님과 300년을 동행하며, 죽음이 지배하는 세상 속에서 영원한 생명의 실재를 온몸으로 증명한 채 죽음을 보지 않고 옮겨졌다.

그러나 셋의 후예들이 지켜온 거룩한 등불조차 가인의 후예들이 뿜어내는 거대한 어둠에 잠식되기 시작했다. 하나님의 아들들이 사람의 딸들의 아름다움에 취해 영적인 경계를 허물어버렸을 때, 세상은 돌이킬 수 없는 타락의 소용돌이로 빠져들었다. 인간의 모든 계획과 생각이 항상 악할 뿐임을 보신 하나님께서는 마음에 한탄하셨다.

공의로운 재판장이신 하나님에게 이 타락한 세상을 방치하는 것은 당신의 거룩한 성품에 대한 배반이었다. 썩어 들어가는 상처를 도려내지 않고는 생명을 보존할 수 없듯, 우주의 도덕적 질서를 회복하기 위해 '완전한 세척'이 불가피해졌다. 하나님의 공의는 심판을 요구했으나, 그분의 사랑은 인류의 전멸을 허락하지 않으셨다.

하나님은 모든 것이 무너지는 파멸의 전야에 '노아'라는 한 줄기 빛을 남겨두셨다. 노아에게 방주를 짓는 행위는 단순한 노동이 아니라 다가올 심판에 대한 매일의 예배였다. 세상의 조롱 속에서도 그는 경외함으로 방주를 준비하며 거룩한 두려움을 새겼다. 반면 세상 사람들은 여전히 장가가고 시집가며 가인의 성벽 안에서 영원한 번영을 꿈꿨다. 죄에 절여진 감각은 파멸의 징조를 감지하지 못했고, 노아의 경고는 그들의 유흥을 방해하는 소음일 뿐이었다.

아담으로부터 내려온 '죽음'의 교훈을 수없이 목격했음에도 사람들은 자신들이 흙으로 돌아갈 존재임을 망각했다. 900년이라는 긴 수명은 죽음을 멀게만 느껴지게 했고, 하나님께서 인내하시며 주신 회개의 기회를 도리어 심판의 근거로 쌓아 올렸다. 방주의 문이 닫히기 직전까지 세상은 쾌락에 취해 있었으나, 셋의 후손들은 가죽 옷의 붉은 언약을 기억하며 에덴의 회복을 꿈꿨다.

이제 곧 하늘의 창이 열리고 땅의 깊은 샘들이 터져 오를 것이다. 죄의 독소를 씻어내기 위한 하나님의 거대한 '물의 세례'가 임박했다. 인간의 살육과 노래가 가득했던 대지는 곧 침묵에 잠길 것이나, 죽음의 바다 위를 떠다닐 한 척의 방주는 인류가 돌아가야 할 영원한 본향을 향한 유일한 통로가 될 것이다. 붉은 언약은 이제 물의 심판을 지나, 무지개의 약속으로 이어질 준비를 마쳤다.

Chapter 11 : 홍수의 대격변 – 홍수 이후의 흔적들

　　노아가 방주로 들어간 지 7일 만에, 인류가 단 한 번도 경험하지 못한 행성적 규모의 대격변이 시작되었다. 성경은 "큰 깊음의 샘들이 터지며 하늘의 창문들이 열렸다"고 기록한다. 이것은 단순한 폭우가 아니라, 지구의 지질학적·대기적 구조가 완전히 붕괴되는 '우주적 해체'의 시작이었다.

　　창조의 둘째 날 설치되었던 '궁창 위의 물'은 지구를 거대한 온실처럼 보호하며 우주 방사선을 차단하고 고압의 산소 환경을 유지해 왔다. 홍수 이전 인간들이 수백 년의 수명을 향유할 수 있었던 생물학적 근거가 바로 이 수증기층에 있었다. 그러나 심판의 날, 이 수증기층이 쏟아져 내리면서 지구의 완벽한 보호막은 소멸했다. 이로 인해 지구는 급격한 기온 변화와 직사광선에 노출되었고, 인간의 수명은 급격히 단축되는 유전적 파멸을 맞이하게 되었다.

　　홍수의 주된 수원은 하늘뿐 아니라 땅 밑에서도 솟

구쳤다. 지각의 대규모 균열로 인해 지하에 갇혀 있던 고압의 지하수와 마그마가 동시에 분출되면서 대륙 지각은 마치 깨진 유리판처럼 갈라졌다. 이때 발생한 '격변적 판구조론'에 따르면, 대륙들은 현재의 이동 속도와는 비교할 수 없는 엄청난 속도로 분리되고 충돌했다. 거대한 해령이 솟구치고 해저 지각이 급격히 팽창하면서 바닷물은 대륙 위로 밀려 올라갔고, 전 지구는 거대한 물의 감옥이 되었다.

수천 개의 화산이 동시에 불을 뿜으며 엄청난 양의 화산재를 방출했고, 진도 10 이상의 초거대 지진들이 대지를 뒤흔들었다. 지표면의 모든 생명체는 이 소용돌이 속에서 형체도 없이 사라지거나 순식간에 진흙 속에 파묻혀 화석이 되었다. 홍수는 단순히 물에 빠지는 사건이 아니라, 대지가 뒤집히고 하늘이 무너지는 극한의 공포였다. 공의로운 하나님은 이 지독한 세척 과정을 통해 죄로 물든 구시대를 도려내셨고, 지구는 고통을 통과하며 새로운 시대를 맞을 준비를 하게 되었다.

물의 심판이 휩쓸고 지나간 자리에 남은 것은, 이전

의 에덴을 기억할 수조차 없는 가혹한 '신세계'였다. 보호막이 사라진 하늘은 이제 살인적인 우주 방사선과 자외선을 쏟아부었다. 홍수 이전 900년을 상회하던 인간의 수명은 노아 이후 급격히 곤두박질치기 시작했다. 이는 인류가 '유한한 존재'임을 뼈저리게 실감하게 하는 육체적 심판의 연장이었다.

대홍수 당시 발생한 대규모 지각 변동은 지구 자기장을 급격히 약화시켰다. 약해진 자기장은 지구를 우주 폭풍으로부터 지켜내지 못했고, 대기 성분의 변화와 생태계의 교란을 가중시켰다. 홍수 이전의 고산소 환경에서 번성했던 거대 생물들은 희박해진 공기와 가혹한 기후에 적응하지 못하고 서서히 멸종의 길로 접어들었다. 인류는 이제 고기를 먹어야만 생존할 수 있을 정도로 척박한 환경에 놓이게 되었으며, 짧아진 수명과 약해진 육체로 가혹한 환경과 맞서 싸워야 하는 '생존의 노예'가 되었다.

현대 과학의 주류가 장구한 세월을 노래할 때, 대홍수가 남긴 지질학적 지문들은 지구가 그리 오래되지 않았음을 웅변한다. '젊은 지구론'은 대격변이 남긴 구체적인 물리적 증거들에 기반한 창조론적 선언이다. 달 표면의 얇은 먼지층이나, 부패하기 전 급격한 압력으로 매몰되어 생성된 수억 개의 화석들은 대홍수라는 격변적 사건이 아니고서는 설명될 수 없다. 수억 개의 화석은 수억 년의 진화가 아닌, 단 한 번의 거대한 심판의 기록이다.

오늘날 전 세계 해저 곳곳에서 발견되는 거대 도시의 유적들은 대홍수가 단순한 전설이 아님을 증언한다. 요나구니 인근이나 캄베이만의 수중 문명 흔적들은 급격한 지각 변동과 홍수로 인해 순식간에 수몰되었음을 시사한다. 이는 수메르 문명이 인류 진화의 시작점이 아니라, 대홍수 이후 살아남은 노아의 후손들이 이전 문명의 고도화된 지식을 가지고 세운 '재건 문명'임을 보여준다. 인류사는 수만 년의 암흑기가 아닌, 창조와 심판 이후의 급격한 재건의 역사다.

현대 과학의 동위원소 연대측정법은 대홍수와 같은 거대 격변이 암석 내 화학 성분을 뒤섞어 놓았을 가능성을 간과한다. 수억 년 되었다는 다이아몬드와 석탄층에서 여전히 반감기가 짧은 탄소 14가 검출되는 것은 지층의 실제 나이가 매우 젊다는 결정적 증거다. 또한 현재 지구 인구 약 80억 명을 역산하면, 그 기점은 수만 년 전이 아니라 정확히 홍수 이후 생존한 노아의 여덟 식구와 일치한다. 현실은 성경이 말하는 대홍수 이후 인구 증가 모델을 정확히 지지하고 있다.

이 모든 대격변의 흔적은 루시퍼가 설계한 '자유의 대가'가 인류를 어디로 몰아넣었는지, 그리고 그 절망의 심연 속에서 하나님께서 어떻게 새로운 인류를 보존하셨지를 증언한다. 이제 씻겨진 대지 위로 무지개가 떠오르고, 인류는 짧아진 생애 속에서 다시금 창조주의 은혜를 구하는 긴 여정을 이어가게 될 것이다.

Chapter 12 : 심해의 긴장과 생명의 항해 — '물메기(Catfish)' 섭리로 보는 역사의 마스터플랜

홍수의 심판이 휩쓸고 간 대지는 처절하리만큼 정적에 휩싸였다. 그러나 그 침묵은 끝이 아니라 새로운 창조를 향한 거대한 태동이었다. 방주의 문이 열리고 노아의 가족이 발을 내디뎠을 때, 그들 앞에는 아무도 밟지 않은 황량하면서도 순결한 신세계가 펼쳐져 있었다.

그들이 1년 넘게 머물렀던 방주는 단순한 나무 상자가 아니었다. 그것은 하나님의 설계도가 빚어낸 '생명의 자궁'이었다. 고페르 나무로 견고하게 짜인 이 구조물은 안팎에 역청이 촘촘히 발려 있어, 죄악의 바다가 침범하지 못하도록 철저히 봉인되었다. 방주는 3층 구조로 나뉘어 아래층에는 무거운 짐승이, 중간층에는 가벼운 짐승과 식량이, 그리고 맨 위층에는 노아의 가족이 거처했다. 창문은 옆이 아닌 오직 '천장'에만 하나 나 있었다. 이는 거센 파도와 죽음의 행진을 보지 말고 오직 하늘의 하나님만을 바라보라는 창조주의 무언의 명령이었다. 옆에 달린 단 하나의 거대한 문은 하나님께서 직접 닫으셨고, 심판이 끝난 후 다시 여실 때까지 구원의 유일한 통로가 되었다. 이 거대한 방주는 동력도 방향타도 없었으나, 하나님의 정교한 조율에 의해 아라랏산이라는 정확한 목적지에 안착했다.

하나님께서는 노아의 제사를 받으시고 무지개의 언약을 세우시며 인류의 보존을 약속하셨으나, 그 이면에는 역사의 깊은 복선이 깔려 있었다. 그것은 안락한 평원이 아닌 끊임없는 긴장 속에서 생명력을 유지케 하시는 '물메기(Catfish)'의 섭리였다.

영국 북해의 어부들은 청어를 팔팔하게 살려 운반하기 위해 어창에 천적인 물메기 한두 마리를 함께 넣곤 했다. 청어들은 포식자에게 잡아먹히지 않으려고 필사적으로 헤엄쳤고, 그 긴장감 덕분에 목적지까지 생명력을 유지할 수 있었다. 하나님께서 인류 역사를 경영하시는 방식 또한 이와 닮아있다. 인류는 하나님의 간절한 바람과는 반대로, 허락하신 은혜의 시간을 선용하지 못했다. 선악과 사건 이후 스스로 하나님이 되려 했던 인간의 심성은 홍수 이후에도 견고한 '자기 중심적 계획'으로 굳어졌다. 인간의 내면 깊은 곳에 자리 잡은 죄의 뿌리는 물로 씻겨 나가지 않았고, 그들은 홍수 이전의 타락한 계획을 끈질기게 재현하려 했다.

그 대표적인 예가 바로 시날 평지의 '바벨탑' 사건이다. 인류는 "땅에 충만하라"는 하나님의 섭리를 거부하고, "우리의 이름을 내고 흩어짐을 면하자"며 스스로를 폐쇄적인 '어창' 속에 가두었다. 이는 창조주의 간섭이 없는 인간만의 자치 왕국을 건설하겠다는 선전포고였다. 하나님께서는 인류가 하나님 없는 안락한 평화 속에서 영적으로 질식사하는 것을 방치하지 않으셨다. 그들의 언어를 혼잡하게 하시고 강제로 흩으심으로써, 인류를 역사의 거친 바다로 밀어 넣으셨다. 이는 징벌인 동시에, 인류가 나태와 부패라는 죽음에 이르지 않도록 긴장을 부여하신 거대한 자비였다.

하나님의 역사 계획 속에서 '물메기'는 바로 이러한 맥락에서 등장한다. 이스라엘을 깨우기 위해 애굽이라는 거대한 물메기를, 바벨론과 로마라는 포식자를 허용하셨다. 인간이 스스로의 성벽을 쌓을 때마다 하나님께서는 그 성벽을 흔드는 사건들을 통해 우리가 의지해야 할 분이 누구인지를 깨닫게 하신다. 이는 인류 전체가 '영원한 생명'이라는 항구에 도착하기까지 영적 야성을 잃지 않게 하시려는 사랑의 역설이다. 노아의 세 아들 셈과 함과 야벳을 통해 인류는 다시금 번성하기 시작했다. 야벳은 북방과 서방으로, 함은 남방으로 뻗어 나가 거대 제국의 기틀을 닦았으며, 셈은 동방으로 향하며 하나님의 언약을 보존하는 줄기가 되었다. 홍수후의 인류의 역사가 수천 년의 암흑기로 느껴질 수 있으나, 실제 족보의 흐름을 보면 노아와 셈은 아브라함의 생애 상당 기간 동시대인으로 살아갔다. 홍수의 생생한 기억과 가죽 옷의 언약은 셈의 입술을 통해 아브라함에게까지 생생하게 전달될 수 있는 거리 안에 있었다.

이제 역사의 무대는 거대한 군중에서 한 개인의 순종으로 옮겨간다. 인류가 스스로의 성을 쌓느라 분주할 때, 하나님께서는 갈대아 우르의 한 구석에서 역사의 물줄기를 바꿀 아브라함을 주목하고 계셨다. 아브라함의 여정은 단순히 한 개인의 이동이 아니라, 잃어버린 에덴을 향한 인류의 거대한 귀환을 알리는 서막이었다. 그는 '보이지 않는 것들의 증거'를 붙들고 약속의 땅을 향해 발을 내디딜 것이며, 그것은 훗날 찾아올 '참된 제물'과 '가죽 옷'의 완성을 향한 섭리의 행진이 될 것이다.

인류를 향한 하나님의 회복 연대기는 장구한 시간의 퇴적과 헤아릴 수 없는 희생을 요구하는 숭고한 서사였다. 하나님께서는 파산한 인류의 운명을 되돌리기 위해 역사라는 거대한 캔버스 위에 '한 사람'이라는 점을 찍으셨고, 그 점으로부터 인류 전체를 다시 품으실 원대한 회복의 지도를 그려 나가기 시작하셨다. 이 구원의 역사는 찰나의 기적이 아니라, 수천 년의 세월을 관통하며 점진적으로, 그러나 단 한 치의 오차도 없이 실행될 정교한 마스터플랜이었다.

이 장엄한 여정의 출발선에 서 있는 인물이 바로 아브라함이며, 그 구원 사역이 도달할 영광스러운 정점에는 메시아이신 예수 그리스도가 계신다. 따라서 우리가 마주하게 될 이스라엘의 발자취는 단순히 한 유목 민족의 흥망성쇠를 기록한 고대사가 아니다. 그것은 타락한 세상을 향해 내미신 하나님의 손길이자, 인류 전체를 건져 올리기 위해 설계된 거대한 구원 수로의 기록이다. 이제 우리는 이스라엘이라는 구체적인 역사의 통로를 통해 하나님의 계획이 어떻게 씨줄과 날줄처럼 엮여 성취되어 가는지를 추적해 볼 것이다.

바벨탑의 거대한 잔해가 시날 평지에 그림자를 드리우고, 흩어진 인류가 각자의 언어로 새로운 성벽을 쌓아 올릴 무렵, 하나님의 시선은 유프라테스강 하류의 화려한 도시 '갈대아 우르'에 머물렀다. 인류가 스스로를 '어창' 속에 가두려 할 때마다 물메기를 보내셨던 창조주께서는, 이제 인류 구원이라는 장엄한 마스터플랜을 수행하기 위해 한 인물을 역사 전면으로 불러내신다. 그의 이름은 '아브람', 즉 '존귀한 아버지'라는 뜻을 지닌 사내였다.

아브람이 태어나고 자란 갈대아 우르는 당대 인류 문명의 정점이었다. 오늘날 이라크 남부 텔 엘무카야르로 알려진 이곳은 수메르 문명의 심장이자 비옥한 초승달 지대의 요충지였다. 도시 한복판에는 달의 신 '난나'를 숭배하는 거대한 지구라트가 하늘을 찔렀다. 바벨탑의 후예들은 여전히 하늘에 닿으려는 욕망을 품은 채 구운 벽돌과 역청으로 신의 제단을 쌓아 올렸다. 아브람은 완벽한 배

수 시설이 갖춰진 이층 벽돌집에서 살며, 쐐기문자로 기록된 점토판을 읽고 복잡한 수학과 천문학을 접하며 성장했을 것이다.

그러나 이 물질적 풍요의 이면에는 깊은 영적 어둠이 깔려 있었다. 아브람의 아버지 데라는 이 화려한 도시에서 우상을 만들어 파는 일에 종사하며 문명의 수혜를 누렸다. 하나님의 언약을 보존해야 할 셈의 후손조차 우상의 도성 안에서 영적 질식 상태에 빠져 있었던 것이다. 하나님께서는 이 안락하고 거대한 '문명의 수조'에서 아브람이라는 한 마리의 청어를 끄집어내기로 작정하셨다.

하나님의 첫 번째 부르심은 우르에서 시작되었다. 사도행전의 기록처럼 하나님은 영광의 형상으로 아브람에게 나타나 "네 고향과 친척을 떠나라"고 명하셨다. 하지만 이 부르심에 대한 첫 응답은 온전치 못했다. 아버지 데라와 함께 떠난 이주 행렬은 가나안이 아닌 북서쪽의 '하란'에서 멈춰 섰다. 하란은 갈대아 우르의 익숙한 대안이었고, 아브람은 그곳에서 수년을 지체하며 아버지의 죽음을 지켜보아야 했다. 이는 인간적인 정과 익숙함이라는 성벽이 하나님의 명령을 어떻게 가로막을 수 있는지를 보여준다.

마침내 아브람의 나이 75세가 되었을 때, 하나님의 두 번째 음성이 들렸다. "너는 너의 고향과 친척과 아버지의 집을 떠나 내가 네게 보여 줄 땅으로 가라."(창 12:1) 고대 사회에서 '아버지의 집'을 떠난다는 것은 생존을 보장하던 모든 안전망을 포기하는 실존적 도박이었다. 아브람은 비로소 깨달았다. 우르의 화려한 성벽 안에서 죽어가는 청어가 되느니, 약속의 땅 향해 거친 파도를 헤치며 나아가는 것이 살아있는 자의 길임을 말이다.

아브람이 마침내 약속의 땅 가나안에 발을 내디뎠을 때, 그를 기다리고 있었던 것은 풍요가 아니라 '기근'이었다. 이 기근은 신앙의 근간을 흔드는 시험이었다. 여기서 아브람은 하나님께 묻는 대신 당대 풍요의 상징이었던 '애굽'으로 내려가는 실수를 범한다. 약속의 땅을 이탈한 그는 곧바로 도덕적 타락의 길로 들어서 아내 사래를 누이라 속이는 비겁함을 보였다. 하지만 하나님께서는 아브람의 불신앙에도 불구하고 언약을 지키셨고, 바로의 집에서 사래를 보호하셨다.

　가나안으로 돌아온 아브람에게 하나님은 다시 나타나 밤하늘의 별을 보여주시며 약속하셨다. "네 자손이 이와 같으리라." 이후 창세기 15장의 '횃불 언약'은 언약의 성취가 인간의 조건이 아닌 하나님의 전적인 열심에 달려 있음을 선포하는 은혜의 계약이었다. 여기서 우리는 '자유의지의 연금술'을 발견한다. 하나님께서는 아브람의 실수와 비겁함이라는 저급한 금속과 같은 자유의지를 가져다가, 고난과 연단이라는 가마솥에 넣으신다. 그리고 결국 '믿음'이라는 순금으로 정련해 내신다.

　아브람의 여정은 이제 절정을 향해 치닫고 있다. 그는 약속의 땅에 도착했지만, 정작 그 약속을 실체로 만들어줄 '이삭'이라는 웃음은 여전히 보이지 않는 소망의 영역에 머물러 있었다. 하나님께서는 아브람을 넘어 아브라함으로, 한 가문의 아버지를 넘어 열국의 아버지로 그를 빚어내실 준비를 마치셨다. 역사의 물줄기는 이제 한 노인의 인내와, 그 인내의 끝에서 피어날 '웃음'의 사건을 향해 도도하게 흘러간다.

Chapter 14 : 웃음에서 제단으로 ― 모리아의 번제와 대속의 신비

아브람이 '아브라함'으로 이름을 바꾸고, 불가능의 절벽 끝에서 하나님의 약속이 육신이 되어 나타난 사건은 인류 역사상 가장 찬란한 기적 중 하나였다. 그러나 그 기적의 열매인 '웃음' 뒤에는 역사의 거대한 폭풍을 예고하는 긴장과, 이해할 수 없는 신적 요구가 기다리고 있었다.

아브라함이 100세, 사라가 90세가 되었을 때 태어난 아들 '이삭'은 그 이름 자체가 하나님의 유머였다. '웃음'이라는 뜻을 가진 이 아이는 인간의 생물학적 한계를 비웃는 하나님의 전능함을 상징했다. 하지만 이 평화로운 웃음은 곧바로 또 다른 '물메기' 같은 긴장을 불러일으켰다. 아브라함이 86세에 육신의 생각으로 낳았던 이스마엘과의 갈등이 그것이다.

이삭과 이스마엘의 대립은 단순한 형제간의 시기를 넘어 '약속의 자녀'와 '육신의 자녀' 사이의 영원한 영적 대립을 상징한다. 훗날 이스마엘의 후예들이 아랍 세계의 조상이 되어 오늘날까지 중동의 거대한 갈등의 한 축을 형성하게 된 것은, 인간이 하나님의 때를 기다리지 못하고 자유의지로 만들어낸 '이스마엘적 결과'가 역사 속에서 얼마나 끈질긴 긴장을 유발하는지를 여실히 보여준다.

이삭이 청소년기로 성장하여 아브라함의 생애에 깊은 안식이 찾아왔을 무렵, 상상조차 할 수 없는 하나님의 음성이 들려온다. "네 아들 네 사랑하는 독자 이삭을 데리고 모리아 땅으로 가서 그를 번제로 드리라." (창 22:2)

이 명령은 아브라함에게 물리적 고통보다 더 큰 '신학적 혼란'을 야기했을 것이다. 인신 제사는 당시 몰렉을 숭배하던 가나안의 잔인한 이방 관습이었기 때문이다. 생명을 소중히 여기시는 여호와께서 친히 주신 약속의 씨앗을 죽이라고 명하시는 것은 하나님의 선하신 속성과 정면으로 충돌하는 모순이었다. 아브라함은 이 음성을 하나님의 뜻으로 수용하기 위해 전 존재를 건 영적 투쟁을 벌여야만 했다.

아브라함은 지체하지 않고 아침 일찍 일어났다. 그는 아내 사라와 상의하지 않았다. 인간의 어떤 윤리나 정서

로도 이 두려운 명령을 해석할 수 없었으며, 만약 사라가 알았다면 생명을 걸고 막았을 것임을 알았기 때문이다. 하인들과 이삭을 데리고 모리아 산을 향해 걷는 '3일간의 여정'은 아브라함의 생애에서 가장 긴 시간이었다. 한 걸음 한 걸음이 자신의 심장을 도려내는 칼날 같았을 것이다.

이삭은 제물로 쓸 나무를 지고 아버지를 따르며 물었다. "번제할 어린 양은 어디 있나이까?" 이 질문은 아브라함의 이성을 마비시킬 만큼 아팠으나, 그는 "하나님이 자기를 위하여 친히 준비하시리라"고 대답했다. 이 3일은 아브라함의 인간적인 본능이 완전히 타버리고, 오직 하나님의 신실하심만을 신뢰하는 '순수한 믿음의 순금'이 추출되는 연금술의 시간이었다.

모리아 산 정상에서 아브라함은 제단을 쌓고 이삭을 결박했다. 건장한 청년이었던 이삭은 늙은 아버지의 손길에 충분히 저항할 수 있었으나, 그는 죽음의 제단 위에 스스로를 내어맡겼다. 아버지의 절대 순종과 아들의 온전한 순복이 만나는 지점에서 하늘의 음성이 들렸다. "그 아이에게 네 손을 대지 말라!" 수풀에 뿔이 걸린 숫양 한 마리가 예비되어 있었다. 아브라함은 이삭 대신 그 숫양을 번제로 드렸고, 그곳을 '여호와 이레'라 불렀다. 이 사건의 진정한 위대함은 수천 년 뒤의 역사적 대비에서 완성된다. 아브라함이 이삭을 바치려 했던 모리아 산은 훗날 독생자 예수 그리스도가 인류의 죄를 대신해 십자가를 지고 오른 골고다 언덕과 같은 산맥의 줄기다. 여기에는 두 아버지의 형언할 수 없는 가치 대비가 숨겨져 있다.

첫째, 사랑하는 자녀의 가치 대비다. 아브라함에게 이삭은 100세의 기다림 끝에 얻은 '전부'였으나, 하나님께서는 그보다 더 큰 가치인 '독생자 예수'를 내어놓으셨다. 이삭은 한 인간의 소망이었으나, 예수는 창조주 자신의 본체였다.

둘째, 감정적 무게의 대비다. 아브라함은 칼을 들었을 때 하나님의 제지로 아들을 돌려받는 은혜를 입었으나, 하나님께서는 십자가 위에서 울부짖는 아들의 비명을 외면하셔야 했다. 아브라함에게는 멈추라고 하셨던 그 심판의 칼날을, 하나님께서는 당신 자신의 심장을 향해 끝까지 내리치신 것이다.

셋째, 죄의 무서움에 대한 암시다. 하나님께서 왜 당신의 아들을 제물로 삼으셔야 했는가? 그 답은 '죄'의 참혹함에 있다. 인간이 바벨탑을 쌓으며 하나님과 멀어지려 했던 그 죄의 대가는 단순히 숫양 한 마리로 해결될 수 있는 것이 아니었다. 신이 직접 인간이 되어 죽어야만 비로소 갚을 수 있는 것, 그것이 죄의 무거운 무게다. 모리아의 제단 위에 놓인 날카로운 칼은 죄가 생명을 얼마나 잔인하게 파괴하는지를 웅변한다.

결국 모리아의 제단은 갈보리의 십자가를 향해 뚫려 있는 역사적 통로였다. 이삭이 지고 갔던 번제 나무는 예수님이 지고 가신 십자가가 되었고, 수풀에 걸린 숫양은 '세상 죄를 지고 가는 하나님의 어린 양'이 되었다. 이제 역사의 시계는 이삭의 후손들을 통해 광야를 지나, 마침내 '영원한 어린 양'이 오실 골고다를 향해 더욱 힘차게 돌아가기 시작한다.

Chapter 15 : 개인에서 한 민족으로 ― 요셉과 애굽이라는 거대한 인큐베이터

아브라함의 모리아 제단에서 확증된 언약은 이제 한 개인의 경건을 넘어, 열방을 향한 거대한 민족적 서사로 탈바꿈하기 시작한다. 하나님께서는 "네 자손이 하늘의 별과 같고 바닷가의 모래와 같게 하리라"는 약속을 실현하시기 위해, 인류 역사의 전면에서 가장 정교하고도 거대한 '이주와 정착'의 계획을 가동하신다. 그 계획의 중심에 바로 '요셉'이 있었다.

가나안 땅은 당시 여러 족속이 할거하던 분절된 지역이었으며, 신생 가문이 거대 민족으로 성장하기에는 외부의 공격과 기근이라는 위협에 취약했다. 여기서 하나님의 '인큐베이터 전략'이 등장한다. 하나님께서는 당대 가장 강력한 중앙집권 체제와 풍요로운 자원을 가진 제국, 애굽을 선택하셨다. 외부의 침략으로부터 보호받으면서도 나일강의 풍요를 바탕으로 인구가 기하급수적으로 늘어날 수 있는 최적의 환경을 '배양기'로 삼으신 것이다.

이 거대한 과업을 위해 하나님은 요셉이라는 청년을 애굽으로 먼저 보내시는 '첨병' 작전을 전개하신다. 요셉은 애굽의 언어도, 풍습도 모르는 이방 소년이었으나, 하나님은 그를 제국의 2인자로 만들기 위한 연단을 시작하셨다. 흥미로운 점은 그 과정이 화려한 궁중 교육이 아니라 '보디발의 종'과 '감옥의 죄수'라는 가장 낮은 바닥에서 시작되었다는 점이다. 요셉에게 닥친 시련은 까닭 없는 고난이 아니라 하나님의 치밀한 '정치경제학 강의'였다. 보디발의 집에서 제국의 경제 규모를 관리하는 법을 배웠고, 감옥에서 고위 정무직 관리들을 만나 권력 구조와 정치적 흐름을 익혔다.

이전 세대와 요셉의 결정적인 차이는 '하나님의 현현'에 있다. 아브라함, 이삭, 야곱은 하나님의 음성을 직접 듣거나 환상을 보았으나, 요셉의 생애에는 그런 초자연적 기록이 전무하다. 요셉은 철저히 하나님의 '침묵' 속에서 살아야 했다. 여기서 요셉의 위대함이 드러난다. 그는 하나님을 보거나 듣지 못했음에도, 자신에게 주어진 환경 속에 하나님의 섭리가 흐르고 있음을 오직 믿음으로만 확신했다. 보디발 아내의 유혹 앞에서 "내가 어찌 하나님께

득죄하리이까"라고 고백한 것은 코람 데오(Coram Deo)의 정신이 침묵의 현장 속에서도 살아있었음을 증명한다.

요셉이 총리가 된 것은 단순히 개인의 영광이 아니라 훗날 이스라엘이라 불릴 야곱 자손들의 '토양'을 다지는 작업이었다. 요셉은 대기근을 통해 형제들과 재회하고 그들을 비옥한 '고센' 땅으로 인도한다. 고센은 애굽인들이 혐오하던 목축업을 하기에 적합한 분리된 공간이었기에, 이스라엘은 애굽의 우상 숭배 문화에 오염되지 않고 자신들의 정체성을 순수하게 보존할 수 있었다.

이 '고센의 격리'는 훗날 출애굽을 위한 에너지를 응축시키는 신의 한 수였다. 400년이라는 긴 시간 동안 이스라엘은 애굽의 선진 문명을 흡수하면서도 자신들의 신앙적 혈통을 유지했다. 하나님은 요셉이라는 한 사람의 고난을 연금술의 재료로 삼아, 일흔 명의 가솔을 수백만 명의 민족으로 키워낼 '안전한 성벽'을 애굽 한복판에 구축하신 것이다. 고난의 때가 오기 전, 하나님은 요셉을 통해 미리 '축적의 시간'을 허락하셨다.

요셉은 110세에 죽음을 맞이하며 기이하고도 강력

한 유언을 남긴다. "하나님이 반드시 당신들을 돌보시리니 당신들은 여기서 내 해골을 메고 올라가겠다 하라." (창 50:25) 요셉은 제국의 총리로서 피라미드 같은 화려한 묘실에 안치될 수 있었으나, 자신의 마지막 안식처를 '약속의 땅'으로 정했다. 요셉의 해골은 이후 400년 동안 이스라엘 백성들에게 '보이는 소망'이 되었다. 박해가 심해지고 하나님이 침묵하시는 것처럼 느껴지는 캄캄한 밤에도, 백성들은 요셉의 해골 상자를 보며 약속을 기억했다.

요셉의 생애는 "당신들은 나를 해하려 하였으나 하나님은 그것을 선으로 바꾸셨다"는 고백으로 수렴된다. 이는 형제들의 악행이라는 비천한 금속조차 하나님의 거대한 선을 이루는 재료로 변환시키는 '구속의 연금술'을 통찰했기에 가능한 고백이었다. 이제 이스라엘은 애굽이라는 거대한 인큐베이터 안에서 400년간 장성할 것이다. 요셉이 남긴 소망의 불씨는 훗날 나타날 '모세'라는 지도자의 부르심에 거대한 함성으로 응답할 준비를 마쳤다. 인류 구원의 마스터플랜은 이제 한 개인의 경건을 넘어 온 열방을 제사장 나라로 삼으시려는 하나님의 장엄한 행보로 이어진다.

Chapter 16 : 인큐베이터를 깨고, 약속의 땅을 향하여
— 모세와 출애굽의 대서사시

요셉의 해골 상자가 고센 땅 한복판에서 소망의 이정표가 되어준 지 어느덧 400년이 흘렀다. 그동안 요셉이 마련한 인큐베이터는 상상할 수 없는 생명력을 뿜어내며 일흔 명의 가솔을 거대한 민족으로 성장시켰다. 그러나 역사의 시계가 하나님의 때에 맞춰 돌아가기 시작하자, 안락했던 인큐베이터는 이스라엘을 짓누르는 거대한 감옥으로 변모했다.

애굽의 왕조가 바뀌고 "요셉을 알지 못하는 새 왕"이 등극하자, 번성하는 히브리 민족은 제국의 위협으로 간주되었다. 그들은 한순간에 국가 건설을 위한 노예로 전락했다. 흙을 이기고 벽돌을 굽는 가혹한 중노동 속에서, 이스라엘은 고센이 영원한 안식처가 아님을 깨닫게 되었다. 하나님께서는 이 고통의 부르짖음을 민족 해방을 위한 동력으로 전환하셨다. 종살이에 안주하려는 노예근성을 깨뜨리고 약속의 땅을 향한 갈망을 다시 불지피기 위해, 역경이라는 채찍을 허용하신 것이다.

이제 하나님은 잠든 민족을 깨워 가나안에 다시 심으실 '거룩한 첨병' 모세를 역사 전면에 등장시키신다. 죽음의 운명 속에 태어난 모세는 나일강에서 건져져 애굽의 왕자와 같이 자라났다. 그의 삶은 정확히 3단계의 40년으로 나뉘어 하나님의 철저한 계산 아래 훈련되었다. 왕궁에서의 첫 40년은 장차 '성경의 못자리'인 모세오경을 기록할 지적 기초를 닦는 시간이었다. 당대 최고 문명국의 학술과 문자를 익힌 모세는 인류 구원 계획의 기초가 될 율법을 기록할 준비된 도구가 되었다.

그러나 왕자로서의 힘을 의지했던 모세는 광야로 내몰려 40년간 이름 없는 양치기로 살아가며 자신의 힘을 빼고 하나님의 지팡이만을 의지하는 법을 배웠다. 80세가 되어 비로소 "내가 누구기에 바로에게 가나이까"라고 고백하는 모세에게 하나님은 "내가 반드시 너와 함께 있으리라"는 확신을 주셨다. 이제 하나님은 이전의 족장 시대와 달리 온 세상이 그분의 살아계심을 목격하도록 역사의 전면에 직접 개입하신다. 애굽의 우상들을 무너뜨리는 열

가지 재앙과 홍해를 가르는 사건은 바벨의 가치관으로 세워진 제국을 향한 준엄한 심판이자, 이스라엘을 '제사장 나라'로 거듭나게 하는 세례였다.

모세의 가장 위대한 사명 중 하나는 광야 생활 동안 하나님의 말씀을 기록하는 것이었다. 그는 하나님의 영감을 받아 천지창조부터 요셉의 죽음까지의 역사와 해방의 과정을 정리했다. 수메르 등 고대 문명에도 창조와 홍수의 파편적인 기억이 남아 있으나, 모세의 기록은 이를 구속사적 관점으로 정제한 '신의 계시'였다. 그는 왜곡된 인류의 기억을 하나님의 렌즈로 교정하여 온전한 진리로서의 역사를 복원했다. 이 모세오경은 장차 오실 메시아에 대한 가장 강력한 예표이자 인류를 향한 거룩한 매뉴얼이 되었다.

이스라엘은 구름 기둥과 불 기둥, 만나와 메추라기를 통해 하나님의 직접적인 통치를 경험하는 '광야 학교'에 입교했다. 애굽의 노예근성이 남아있던 그들은 40년의 연단을 통해 '사람이 떡으로만 사는 것이 아니요 여호와의 입에서 나오는 모든 말씀으로 사는 줄'을 배워나갔다. 이 과정은 약속의 땅을 차지했을 때 그곳을 다시 바벨로 만들지 않을 영적 체질을 만드는 재창조의 시간이었다.

위대한 지도자 모세에게도 끝은 있었다. 사명은 요단강 저편까지였다. 가데스 바네아의 반석 사건에서 인간적 혈기를 드러낸 모세는 율법의 한계를 상징하며 가나안의 입구인 느보산에서 죽음을 맞이했다. 그러나 하나님의 계획은 멈추지 않고 모세의 곁에서 연단 받은 여호수아를 통해 약속의 바통을 이어가게 하셨다.

광야 학교는 오늘을 살아가는 우리에게도 정교한 교과서다. 죄악된 세상이라는 광야를 지나 '죽음의 요단강'을 건너야 영원한 하나님 나라에 들어설 수 있음을 가르쳐준다. 광야가 힘들수록 우리가 붙들어야 할 것은 눈에 보이는 오아시스가 아니라 하나님의 약속이다. 하나님께서는 지금도 우리의 삶에 직접 개입하시어 우리를 세속의 가치관에서 벗어난 '하나님의 백성'으로 빚어가고 계신다. 이제 이스라엘은 요단강 너머 견고한 성벽 여리고를 마주하고 있다. 연단된 믿음으로 약속의 땅을 밟게 될 인류 구원의 수레바퀴는 이제 요단강 물결을 향해 나아간다.

Chapter 17 : 요단강 도하 — 기억을 딛고 미래로 나아가는 결단

　모세가 홍해를 가른 사건이 '탈출'을 위한 수동적 기적이었다면, 여호수아가 요단강을 건너는 사건은 '입성'을 위한 능동적 순종의 여정이었다. 홍해가 이스라엘이라는 민족 전체의 세례였다면, 요단강은 광야에서 태어난 새로운 세대에게 부여된 거룩한 입교식이었다. 제사장들이 언약궤를 메고 범람하는 요단강에 첫발을 내디뎠을 때, 비로소 도도히 흐르던 물줄기가 멈춰 섰다. 강바닥에서 가져온 열두 개의 돌은 과거의 기적을 현재의 기억으로 고착시키는 장치였다. 새로운 세대에게 자유의지란 곧 '망각과의 싸움'임을 일깨워 준 것이다.

　가나안의 첫 관문인 여리고는 인간의 힘으로는 난공불락의 장벽이었다. 그러나 여기서 보여준 전략은 지극히 비상식적이었다. 6일 동안 성 주위를 돌며 이스라엘은 철저히 침묵했다. 이는 내면의 불안과 불평을 억제하고, 오직 목적에만 집중하도록 의지를 단련하는 과정이었다. 7

일째 되는 날, 제사장의 나팔 소리와 함께 터져 나온 백성들의 함성은 단순한 소리가 아니었다. 그것은 '우리의 의지를 신의 설계에 완전히 일치시키겠다'는 집단적 선언이었다. 여리고의 성벽은 물리적 타격이 아니라, 일치된 의지의 파동에 의해 무너져 내렸다.

여리고의 승리 직후 맞이한 아이성 전투는 이스라엘에게 뼈아픈 교훈을 남겼다. '헤렘(온전히 바침)'의 법칙을 어기고 전유물을 숨긴 아간의 행위는 잘못된 방향으로 흐른 자유의지의 전형이었다. 한 개인의 탐욕이 공동체 전체의 영적 시야를 얼마나 어둡게 만들 수 있는지 보여준 사건이었다. 작은 아이성 앞에서 처참하게 패배한 후, 이스라엘은 스스로를 성결케 하는 고통스러운 연단 과정을 거쳤다. 자유의지의 연금술은 성공할 때보다 실패를 복구할 때 더욱 정교하게 작동하기 때문이다. 결국 철저한 회개와 복병 작전이라는 지략을 통해 그들은 다시 승리할 수 있었다.

이후 여호수아는 크게 세 방향으로 정복 전쟁을 이어갔다. 기브온 주민들은 살아남기 위해 먼 나라에서 온 것처럼 위장하여 이스라엘과 조약을 맺었다. 여호수아는 하나님께 아뢰지 않고 조약을 맺는 실수를 범했으나, 한 번 맺은 약속을 지키기 위해 기브온을 돕기로 결단한다. 이때 벌어진 아모리 연합군과의 전투에서 "태양아, 멈추어라"라는 유명한 선언이 울려 퍼졌다. 이는 인간의 간절한 의지가 자연법칙조차 초월하는 하나님의 우주적 개입을 이끌어낸 극적인 순간이었다. 이 시기에 남부 지역의 주요 거점들이 이스라엘의 수중에 들어오게 된다.

정복 전쟁이 일단락된 후 여호수아는 땅을 각 지파에게 분배했다. 그러나 이 정복은 완성이 아닌 새로운 시작이었다. 할당된 땅에는 여전히 가나안 원주민들이 남아있었기 때문이다. 이는 이스라엘의 자유의지가 앞으로도 '유혹'과 '공존' 사이에서 끊임없이 시험받을 것임을 암시했다. 여호수아는 임종 전 세겜에서 백성들에게 엄중히 선포했다. "너희가 섬길 자를 오늘 택하라. 오직 나와 내 집은 여호와를 섬기겠노라." 이 위대한 선언은 여호수아 시대를 마무리하는 동시에, 인간의 의지가 얼마나 쉽게 흔들릴 수 있는지를 보여주는 '사사 시대'의 서막이 되었다.

여호수아와 그 당시의 장로들이 생존해 있는 동안에는 이스라엘의 의지가 약속의 궤도 안에 머물렀다. 그러나 그들이 떠난 후, 성경은 "여호와를 알지 못하는 다른 세대가 일어났더라"는 비극적인 문장을 기록한다. 기적을 경험한 세대의 열정은 시간의 흐름 속에 희석되었고, 교육과 전수가 끊긴 자유의지는 환경에 동화되는 무력한 상태로 전락했다. 가나안의 풍요와 바알 신앙은 매혹적인 유혹이었고, 그들은 약속의 땅에 살면서도 정신적으로는 다시 노예 상태로 회귀하는 '의지의 퇴보'를 선택했다.

사사기의 역사는 '범죄-압제-부르짖음-구원'이라는 영적 알고리즘의 연속이었다. 하나님은 이스라엘을 포기하는 대신, 잘못된 선택으로 인한 고통을 통해 그들의 의지를 다시 일깨우는 '사사'들을 보내셨다. 겁쟁이였던 기드온의 낮은 자존감을 거대한 신뢰로 바꾸어 300명의 군대로 승리하게 하신 사건은 신뢰만이 승리의 동력임을 증명하는 '의지의 정수'였다. 반면 삼손은 자유의지의 남용을 보여준다. 나실인의 의무보다 정욕에 휘둘렸으나, 두 눈이 뽑힌 비참한 순간에 자신의 무너진 의지를 신에게 다시 연결함으로써 비극적인 승리를 거두었다.

사사 시대의 혼란은 마지막 사사인 사무엘에 이르러 왕정 시대로 넘어가는 역사적 교차점을 맞이한다. "말씀하옵소서, 주의 종이 듣겠나이다"라는 어린 사무엘의 고백은 자기 소견에 옳은 대로 행하던 시대의 종말을 알리는 마침표였다. 자신의 의지를 관철하는 것이 아니라 신의 음성을 경청하는 의지가 진정한 통치의 시작임을 선포한 것이다.

사사 시대가 남긴 "왕이 없으므로 사람이 각기 자기 소견에 옳은 대로 행하였더라"는 기록은 뼈아픈 것이었지만, 이 혼란의 역사는 결코 무의미하지 않았다. 하나님은 죄인 된 인간들이 스스로의 한계를 깨닫고, 고통의 풀무질 속에서 불순물을 제거하여 정금같이 나오게 하기 위해 끊임없이 그들을 연단하셨다. 이제 사무엘은 백성들의 요구에 따라 사울에게 기름을 부으며 왕정의 문을 연다. 이스라엘의 자유의지는 이제 '인간 왕'이라는 더욱 강력한 유혹과 책임이 공존하는 새로운 시험대 위에 서게 될 것이다.

Chapter 18 : 왕정의 시작과 다윗의 심장 — 권력의 풀무질 속에서

사사 시대의 혼란이 정점에 달했을 때, 이스라엘 백성들은 주변 이방 민족들처럼 자신들을 이끌 '눈에 보이는 왕'을 강력히 요구했다. 이는 보이지 않는 하나님의 통치 대신, 인간의 통치 체제 아래로 스스로를 귀속시키겠다는 자유의지의 선택이었다. 하나님은 이 요구를 수용하시며, 왕이라는 권력의 자리를 인간의 의지를 연단하는 새로운 도가니로 삼으셨다.

이스라엘의 초대 왕 사울은 초기에는 누구보다 겸손하고 아름다운 그릇이었다. 처음 선택받았을 때 그는 스스로를 낮추며 짐 보따리 뒤에 숨을 정도로 청렴했다. 그는 하나님의 영에 감동되어 용맹하게 이스라엘을 구하였으며, 부름 받은 자로서 자신의 의지를 하나님의 뜻에 일치시키려 노력했다. 그러나 왕권이 공고해지자 사울의 의지는 하나님이 아닌 자기 자신과 백성들의 시선에 고착되었다. 전쟁의 위기 앞에서 사무엘을 기다리지 못하고 스스로 제사를 지내는 조급함을 보였으며, 아말렉 전투에서는 하나님의 명령을 어기고 전리품을 남기는 불순종을 범했다. 그는 "백성을 두려워하여 그들의 말을 들었다"고 변명하며 자기 정당화에 급급했다. 하나님의 은총이 다윗에게 옮겨갔음을 직감한 순간부터 그의 자유의지는 '자기 방어'와 '질투'라는 감옥에 갇혔다. 일생의 후반부를 다윗을 추격하는 데 낭비한 사울의 삶은, 신뢰를 잃은 인간의 의지가 어떻게 파멸의 수렁으로 빠지는지를 보여주는 비극적인 표상이 되었다.

반면 다윗은 이스라엘 역사상 가장 위대한 왕이자, 훗날 오실 메시아의 모형이 되는 인물이었다. 그가 '순금'과 같은 존재로 평가받는 이유는 완벽했기 때문이 아니라, 그의 의지가 하나님을 향해 끊임없이 환원되었기 때문이다. 베들레헴의 목동이었던 다윗은 오랜 시간 사울의 칼날을 피해 광야를 떠돌았고, 이 고난의 시간은 그의 의지를 정제하는 용광로가 되었다. 그는 사울을 죽일 결정적인 기회가 있었음에도 "여호와의 기름 부음 받은 자를 치는 것을 금하신다"며 칼을 거두었다. 이는 자신의 감정과 상황보다 신의 질서를 우선시하는 고도로 절제된 자유의지의 승리였다.

그러나 권력의 정점에 섰을 때 다윗 역시 부패한 본성을 드러냈다. 충직한 부하 우리아의 아내 밧세바를 범하고, 죄를 덮기 위해 우리아를 사지로 몰아넣어 살해하는 잔인한 범죄를 저지른 것이다. 이 사건은 성군이라 불리는 자 안에도 얼마나 깊은 죄의 심연이 도사리고 있는지를 보여주었다. 사울과 다윗의 결정적인 차이는 죄를 지은 '후'에 나타났다. 나단 선지자가 그의 죄를 지적했을 때, 다윗은 사울처럼 백성을 핑계 대지 않았다. 그는 즉시 "내가 여호와께 죄를 범하였노라"고 고백하며 엎드렸다. 그는 신이 원하시는 것이 완벽한 제사가 아니라 '상하고 통회하는 심령'임을 깨달았으며, 철저한 회개를 통해 자신의 의지를 다시 하나님께 고정시켰다. 하나님은 다윗을 가리켜 "내 마음에 합한 자"라고 칭하셨다. 이는 죄를 깨달았을 때 즉시 돌이키는 '정직한 의지'를 가졌기 때문이었다.

이스라엘의 왕권이 안정되었을 때, 다윗은 하나님의 궤를 위해 성전을 건축하고자 하는 거룩한 열망을 품었다. 다윗은 나단 선지자에게 이 뜻을 비추었으나, 하나님은 오히려 다윗을 위해 영원한 집, 즉 왕조를 세워주겠다고 약속하셨다. 이것이 바로 이스라엘 역사를 관통하는 핵심인 '다윗 언약'의 성립이다. 이는 인간의 의지적 헌신보다 하나님의 은혜로운 작정이 선행함을 보여주는 역설적 사건이었다.

하나님의 역사 참여는 인간이 만든 신들과 근본적으로 차별화된다. 그것은 단순한 도덕적 훈계가 아니라, 예언과 성취의 과정을 역사를 통해 증명하는 방식이기 때문이다. 하나님은 단기적인 사건부터 수백 년 후의 일들까지 예언하셨고, 역사가 그것을 증명하게 하셨다. 다윗에게 약속하신 '영원한 나라'는 단순한 지상 국가를 넘어, 수천 년의 세월을 뚫고 성취될 거대한 예언의 실체였다.

다윗 이후 유다 왕들의 타락에도 불구하고, 하나님은 "다윗에게 항상 한 등불이 있게 하리라"는 약속을 지키셨다. 인간의 자유의지가 실패할 때마다 하나님은 예언의 성취를 위해 역사의 수레바퀴를 직접 운행하셨다. 마태복음 1장이 "아브라함과 다윗의 자손 예수 그리스도의 계보라"는 문장으로 시작되는 것은, 수천 년 전의 예언이 마침내 예수 그리스도라는 '완전한 정금'으로 결실을 맺었음을 선포하는 역사적 마침표였다.

다윗 언약은 인간의 자유의지와 하나님의 절대적 주권이 어떻게 조화를 이루는지를 보여준다. 다윗 후손들의 타락과 포로기는 인간 의지의 불완전함을 증명했지만, 그 실패조차 메시아를 향한 갈망을 깊게 만드는 연단의 재료가 되었다. 하나님은 인간을 강제로 조종하지 않으시고, 역사의 흐름 속에서 인간의 선택들을 조련하여 결국 예언된 목표점으로 이끌어 가시는 고도의 연금술을 보여주셨다. 아브라함의 부름에서 시작되어 다윗을 거쳐온 이 거대한 예언의 여정은 이제 인류 역사의 정점이신 예수 그리스도에게로 수렴되고 있다.

Chapter 19 : 동정녀의 몸에서 핀 예언의 꽃 ― 시간의 충만함 속으로

　인류의 역사는 수많은 발자취로 가득 차 있다. 그 길 위를 걸어갔던 수십억의 인간은 예외 없이 부모의 혈통을 이어받아 이 땅에 왔고, 한평생을 살다 흙으로 돌아갔다. 그중에는 인류의 스승이라 불리는 성인들도 있었고, 종교의 기틀을 닦은 창시자들도 있었다. 무함마드, 석가모니, 공자 역시 각자의 깨달음으로 시대를 밝힌 위인들이었으나, 그들 또한 인간이라는 생물학적 범주와 '죄의 유전'이라는 실존적 한계 안에 머물러 있었다.

　그러나 이 보편적인 역사의 흐름을 거스르며, 평범한 탄생의 원리를 깨뜨리고 역사 속에 침투한 단 한 분이 계신다. 그분이 바로 예수 그리스도이시다. 예수 그리스도의 탄생은 인류 역사가 경험한 가장 경이롭고도 비상식적인 사건, 즉 '동정녀 탄생'에 기반을 둔다. 남자의 혈통을 배제하고 성령으로 잉태되었다는 이 선언은 과학적 이성으로는 결코 도달할 수 없는 영역이다. 실제로 그 신비의 현장을 목격하고 해산한 이는 마리아뿐이었다.

우리가 이 비합리적으로 보이는 사건을 진리로 믿는 데에는 세 가지 명확한 당위성이 존재한다.

첫 번째는 '예언의 완전한 성취'다. 인류 역사상 자신의 출생지와 가문, 생애의 방식과 죽음, 그리고 부활까지 수백 년 전부터 세밀하게 예언된 사람은 아무도 없다. 오직 예수님만이 구약의 수많은 예언을 단 하나의 오차도 없이 만족시킨 유일한 분이다. 다른 종교의 창시자들이 인간적 고뇌 끝에 스스로 진리를 찾아 나선 이들이라면, 예수님은 창조주가 인류를 구원하기 위해 보내시겠다고 공포하신 '예언된 대속주'였다. 우리는 단순히 목격하지 못한 과거를 맹신하는 것이 아니라, 역사가 증명하는 예언의 실체를 믿는 것이다.

두 번째는 구원의 '신학적 필연성'이다. 인류를 죄에서 건져내기 위해서는 죄 없는 대속자가 필요했다. 그러나 부모의 혈통을 타고난 모든 인간은 태생적으로 '죄의 피'를 물려받은 죄인이다. 죄인이 죄인을 구할 수는 없기에, 하나님께서는 남자의 혈통을 차단하고 성령으로 직접 잉

태케 하심으로 유일하게 죄 없는 인간으로서의 대속주를 예비하신 것이다. 이는 동정녀 탄생이 단순한 기적이 아니라, 인류의 죄를 사하기 위한 하나님의 가장 정교한 '구원 메커니즘'이었음을 증명한다.

세 번째는 그분의 '사역과 삶의 증거'다. 예수님은 자신의 영광이나 인기를 위해 사신 적이 없다. 그분은 도덕적 훈계를 넘어, 인간이 근본적으로 해결할 수 없는 '죄의 문제'와 그 사함의 길을 가르치고 몸소 실천하셨다. 세상의 어떤 권력자나 종교가도 타인의 죄를 대신해 자신의 생명을 기꺼이 버린 이는 없었다. 그러나 예수님은 천하보다 귀한 자신의 생명을 우리를 위해 내어주셨고, 사흘 만에 부활하심으로 그분의 삶과 탄생이 진실임을 확증하셨다.

하나님께서는 이 놀라운 사건을 위해 역사의 모든 환경을 무르익게 하셨다. 정치적 혼란과 종교적 타락 속에서도 보이지 않는 곳에서 메시아를 기다리던 경건한 자들의 눈물은 하나님의 때를 앞당기는 동력이 되었다. 제사장 사가랴의 사례는 이를 극적으로 보여준다. 그는 나이가 많아 소망이 끊어진 상태에서도 성소의 직무를 다하던 중 천사의 고지를 받았다. 의심의 대가로 입이 닫혔던 그의 침묵은 단순한 형벌이 아니라, 하나님의 위대한 계획에 동참하며 '주의 길을 예비할 광야의 외침'을 준비하는 기간이었다.

또한 "베들레헴 에브라다야… 이스라엘을 다스릴 자가 네게서 내게로 나올 것이라"(미 5:2)는 예언을 이루기 위해, 하나님은 로마 황제 아우구스투스의 마음을 움직여 '천하에 호적하라'는 명을 내리게 하셨다. 인간의 눈에는 거대 제국의 행정 명령이었으나, 하나님의 눈에는 예언의 퍼즐을 맞추는 거룩한 섭리였다. 이로 인해 나사렛의 만삭인 마리아는 정확한 때에 예언된 장소인 베들레헴으로 발걸음을 옮기게 되었다.

베들레헴의 차가운 마구간, 가장 낮은 곳에서 탄생하신 그분은 '섬기는 종'의 모습으로 오셨다. 아무도 주목하지 않았던 그 밤, 하나님께서는 동방의 박사들과 들판의 목동들을 보내어 우주적인 경배를 받게 하셨다. 평생을 성전을 떠나지 않고 메시아를 기다렸던 여선지자 안나는 그 작은 아기 안에서 인류의 속량을 발견했다. 로마 황제부터 동방의 박사, 이름 없는 목동들, 그리고 사가랴와 안나에 이르기까지 모두가 각자의 자유의지로 움직이는 듯 보였으나, 결국은 하나님의 '자유의지의 연금술' 안에서 거대한 구원의 그림을 완성하는 조각들이 되었던 것이다.

예수님의 탄생은 인류에게 가장 큰 기쁨의 날이다. 죄의 해결이야말로 인류가 직면한 최우선의 과제이며, 그 해답은 오직 예언된 때에, 예언된 장소에서, 예언된 방식으로 오신 예수 그리스도뿐이다. 우리는 이제 이 성탄의 신비 앞에 엎드려, 우리를 위해 자신의 전부를 던지신 하나님의 사랑과 그 정교한 섭리에 깊은 감사를 드려야 할 것이다.

Chapter 20 : 나사렛의 침묵에서 가버나움의 외침으로
― 연단된 준비와 예비된 무대

메시아의 탄생이 하늘의 축복 속에서 이루어졌으나, 땅의 현실은 곧바로 잔혹한 폭풍우를 맞이했다. 이는 인간의 자유의지가 가장 극단적인 악과 결합했을 때 어떤 광기를 보이는지, 그리고 하나님께서 그 광기조차 어떻게 구원의 재료로 연단하시는지를 보여주는 서막이었다.

당시 유대 땅을 다스리던 헤롯 대왕은 자신의 권력을 위협하는 요소에 병적으로 집착하던 인물이었다. 동방 박사들이 가져온 소식은 그의 권력욕에 불을 지폈고, 베들레헴의 두 살 아래 사내아이들을 학살하라는 참혹한 명령으로 이어졌다. 이는 바벨탑의 후예들이 신의 통치를 거부하며 휘두르는 칼날이었다. 그러나 하나님은 꿈을 통해 요셉의 가족을 애굽으로 피신시키셨다. 이 '애굽 피난'은 단순한 도주가 아니었다. 그것은 과거 이스라엘이 겪었던 출애굽의 역사를 메시아께서 몸소 재현하시며, 인류를 죄의 종살이에서 건져낼 '참된 출애굽'의 주인공임을 선포하는 상징적 여정이었다.

　　예수님은 인류를 대신해 죽으실 '대속자'로서 완벽한 자격을 갖추셔야 했다. 그 자격이란 인간의 고통을 공감할 수 있는 '참 인간'이면서도, 죄의 피를 물려받지 않은 '참 의인'이어야 한다는 것이었다. 동정녀 탄생으로 죄의 유전적 고리를 끊으신 예수님은, 이제 나사렛이라는 비천한 동네에서 목수로서의 평범한 삶을 살아내심으로 그 자격을 완성해 가셨다.

　　나사렛의 긴 침묵을 깨고 역사의 전면으로 나선 그리스도의 첫 행보는 광야라는 혹독한 시험대 위에서 시작되었다. 이 시험은 인류 역사의 시초인 에덴동산에서 벌어졌던 최초의 시험과 선명한 대조를 이루는 '자유의지의 재격돌'이었다. 첫 사람 아담과 하와는 부족함 없는 풍요로운 낙원에서 뱀의 유혹에 굴복하여 자신의 의지를 신의 통치 바깥으로 내던졌다. 그러나 '마지막 아담'으로 오신 예수님은 40일간의 금식으로 생물학적 한계에 다다른 척박한 광야에서 사탄과 마주하셨다.

　　주목해야 할 점은 사탄이 예수님을 유혹할 때 사용한

무기가 다름 아닌 하나님의 '말씀'이었다는 사실이다. 사탄은 성경 문구를 교묘히 비틀고 맥락을 왜곡하여, 예수님으로 하여금 하나님의 주권 대신 자신의 유익과 권능을 드러내도록 종용했다. 그러나 예수님은 사탄의 자의적인 해석에 휘둘리지 않으셨다. 그분은 기록된 말씀의 참된 정신에 온전히 순복함으로써, 아담이 실패했던 지점에서 인류의 의지를 다시 하나님께로 돌려놓는 영적 승리를 거두셨다. 이 반전은 장차 전개될 구원 사역의 정당성을 확보하는 결정적인 토대가 되었다.

이후 요단강에서 세례를 받으신 예수님은 인류 구원을 위한 만반의 준비를 마치고 갈릴리로 향하셨다. 그것은 단순히 한 종교가의 출현이 아니라, 창조 이후 정지되었던 '하나님의 직접 통치'가 다시 가동되는 우주적 사건의 시작이었다. 여기서 우리는 하나님의 독특한 역사 운영 방식을 발견한다. 그분은 사역을 시작하시며 가장 먼저 제자들을 부르셨다. 창조 이후 인간을 역사의 동역자로 삼으셨던 방식을 따라, 예수님 또한 연약한 인간들을 불러 당신의 일에 동참시키신 것이다.

공생애의 거점은 화려한 예루살렘 성전이 아닌 갈릴리 해변이었다. 예수님은 거친 바다와 씨름하며 하루의 생계를 걱정하던 투박한 어부들을 향해 "나를 따라오라 내가 너희를 사람을 낚는 어부가 되게 하리라"는 강력한 초대장을 던지셨다. 여기서 우리는 '자유의지의 연금술'이 발휘되는 결정적인 순간을 다시 한번 목격한다. 어부들은 그 부르심 앞에 그물과 배, 심지어 가족이라는 현실의 닻을 내던지고 예수를 따르는 결단을 감행했다. 하나님은 그들의 투박함이라는 비천한 금속을 취하여, 온 세상을 뒤엎을 복음의 사도라는 정금으로 빚어 가기로 작정하신 것이다.

사회적 낙인이 찍혔던 세리 레위를 부르신 사건 역시 마찬가지였다. 인간의 조건이 아닌 하나님의 전적인 은혜가 역사를 움직이는 동력임을 상기시킨다. 예수님은 열두 명의 제자를 선택하심으로써 '새로운 이스라엘'의 기초석을 놓으셨다. 이들은 완벽해서 뽑힌 것이 아니었다. 시기하고 의심하며 때로는 배신할 연약한 인간들이었으나, 하나님은 그들의 부족함 속에 당신의 능력을 채워 넣으심으로 구원이 인간의 힘이 아닌 하나님의 권능으로 이루어짐을 증명하고자 하셨다.

예수님의 입술에서 터져 나온 "하나님 나라"라는 선언은 당시의 종교적 위선과 정치적 압제라는 두꺼운 성벽에 균열을 내기 시작했다. 병든 자를 고치고 자연을 꾸짖으시는 기적들은 장차 회복될 에덴의 영광을 미리 맛보게 하는 '하나님 나라의 실재적 전조'였다. 가난한 목수에서 갈릴리의 스승으로, 그리고 이제는 온 인류를 향해 복음을 선포할 진용을 갖추신 예수 그리스도. 그분은 이제 제자들과 함께 유대 땅 구석구석을 밟으며, 파괴된 하나님의 형상을 복구하는 장엄한 행진을 시작하실 것이다. 갈릴리 호숫가에서 시작된 이 작은 부르심의 파동은 이제 가나안을 넘어 땅끝까지 이르는 거대한 복음의 해일이 되어 흘러갈 준비를 마쳤다.

Chapter 21 : 초자연의 현현, 신성의 지장(指章) — 표적을 통해 선포된 하나님의 통치

사탄과의 대결에서 거둔 거룩한 승리 이후, 예수님은 제자들을 부르시며 본격적인 사역의 길에 들어서셨다. 이제 그분의 사역 현장에서 나타나는 일련의 기적들은 단순히 고통받는 이들을 향한 인도주의적 동정을 넘어선다. 그것은 이 땅에 발을 딛고 선 이 사내가 단순한 인간이 아니라, 우주 만물의 질서를 주관하시는 창조주 하나님 자신임을 증명하는 거대한 신성의 표출이었다.

예수님의 첫 표적인 가나의 혼인 잔치에서 물이 포도주로 변한 사건은 단순한 화학적 변화가 아닌 원소적 본질의 재창조였다. 인간의 영역에서는 시간의 흐름과 발효라는 물리적 과정이 필수적이지만, 시간의 창조주이신 그분 앞에서는 찰나의 순간에 존재론적 치환이 일어났다. 이는 예수님이 물질세계의 근간을 다스리는 주권자임을 선포하는 첫 번째 신호였다. 결핍을 채워주시는 긍휼함 이면에, 만물의 본질을 재구성하시는 신의 권능이 번뜩이고 있었다.

갈릴리 바다의 폭풍우를 꾸짖어 잠잠케 하신 사건은 구약의 시편 기자가 노래했던 "바다의 흉용함을 다스리시는 하나님"의 현현이었다. 제자들은 죽음의 공포 속에서 인간의 한계를 절감했으나, 예수님은 물리 법칙의 최상위에 있는 권위로 파도를 굴복시키셨다. "그가 누구이기에 바람과 바다도 순종하는가?"라는 질문은 자연 만물이 그 주인을 알아보고 머리를 숙인 신의 영역을 목격한 자들의 경외였다. 제자들은 이를 통해 예수님이 인간뿐 아니라 자연계 전체를 통치하시는 분임을 삶의 현장에서 체득해 갔다.

야이로의 딸과 나인 성 과부의 아들, 그리고 죽은 지 나흘이 지나 부패의 악취가 진동하던 나사로를 살리신 사건들은 인간이 결코 넘을 수 없는 최후의 성벽인 '사망'에 대한 선전포고였다. 모든 피조물은 소멸을 향해 가는 엔트로피의 법칙에 묶여 있으나, 예수님은 그 흐름을 거꾸로 돌리셨다. "나사로야, 나오라"는 한마디는 무덤이라는 어둠의 권세에 떨어진 영혼을 다시 빛으로 끌어올리는 창조의 음성이었다. 이는 예수님이 생명의 근원임을 증명하는 가장 강력한 표징이었다.

잎만 무성한 무화과나무를 저주하시어 말라버리게 하신 사건은 열매 없는 종교를 향한 심판인 동시에, 만물의 성장과 소멸을 결정하는 심판주의 권위를 보여주었다. 또한 물고기 입속에서 성전 세를 낼 돈을 얻게 하신 사건은 바다 깊은 곳의 작은 생명체까지 꿰뚫어 보시는 전지하심과 역사의 사소한 부분까지 개입하시는 만물의 주관자임을 드러냈다. 이는 인간의 이성과 확률을 아득히 초월하는 신적 주권의 증거였다.

광야에서 오천 명을 먹이신 오병이어의 기적은 출애굽 시절 만나를 내리셨던 하나님이 지금 육신을 입고 그들 앞에 서 계심을 공포하는 상징적 사건이었다. 군중은 육신의 배부름에 열광했으나, 예수님은 자신이 하늘에서 내려온 '생명의 떡'임을 가르치셨다. 이는 단순한 배고픔의 해결이 아니라 영원한 생명을 공급하시는 하나님만이 하실 수 있는 거룩한 성찬의 선포였다. 성경은 이러한 사건들을 헬라어로 '세메이온', 즉 '표적'이라 부른다. 표적은 그 자체가 목적이 아니라 더 크고 본질적인 실체를 가리키는 이정표다. 예수님의 초자연적 행보들은 인간의 도덕적 선행을 뛰어넘어, 시간과 공간, 물질과 생명의 법칙을 만드신 이가 친히 피조계의 무대 위로 들어오신 신적 자기 계시였다. 하나님은 아담의 실패 이후 뒤틀린 우주의 질서를 바로잡기 위해 신성이라는 정금을 인간의 역사 속에 쏟아부으셨다.

예수님은 인류에게 단 하나의 실존적 선택지를 제시하셨다. 이 초자연적인 표적들을 보고 그분을 창조주로 고백하며 따를 것인가, 아니면 여전히 자신의 이성이라는 좁은 수조 안에 머물러 있을 것인가. 이제 사역의 물줄기는 갈릴리의 기적들을 넘어 모든 표적의 완성인 십자가를 향해 거침없이 흘러간다.

비유를 통해 천국의 비밀을 실체로 번역해 주시던 예수님은 이제 낡은 가죽 부대를 버리고 새로운 약속을 담기 위한 과정을 준비하신다. "이 잔은 내 피로 세우는 새 언약이니"라는 선포는 당신의 생명으로 인류를 직접 사시겠다는 장엄한 약속의 완성이었다. 이제 인류는 예수님을 통해 하나님 아버지의 마음을 온전히 읽을 수 있게 되었고, 훼손되었던 자유의지는 진리 안에서 참된 해방의 길을 발견하게 되었다.

예수님 사역의 정점은 이제 역사의 모든 모순이 집결된 예루살렘의 격랑 속으로 향한다. 예수 그리스도의 표적은 기득권을 지키려는 종교 지도자들에게는 견딜 수 없는 도발이었고, 로마의 압제 아래 있던 민초들에게는 결단을 촉구하는 폭풍이었다. 빛이 강해질수록 어둠의 반발 또한 거세지듯, 인류를 대표하여 예언을 성취하고 계신 예수님의 발걸음 뒤로 음모와 역학 관계가 소용돌이치기 시작한다. 자유의지의 연금술은 이제 가장 뜨거운 용광로인 '대속의 죽음'을 앞두고 있다. 십자가라는 운명적인 산맥 너머, 뒤틀린 자유의지가 정금처럼 완성될 '새 하늘과 새 땅'의 소망을 향해 우리는 이제 예루살렘 성벽 안으로 메시아의 뒤를 따른다.

Chapter 22 : 일그러진 권력의 연합과 사탄의 형제애 —
예루살렘의 검은 그림자

갈릴리의 호숫가에서 선포되었던 생명의 말씀이 예루살렘의 견고한 성벽에 부딪힐 무렵, 이 땅의 권력자들은 자신들의 성채를 지키기 위해 기괴한 연합을 시작했다. 메시아를 향한 처단 계획은 정교하게 설계된 기계 장치처럼 착착 진행되었다. 이 계획의 이면에는 각기 다른 욕망을 품은 세 부류의 군상이 존재했고, 그들을 배후에서 조종하여 하나의 '악의 합주'를 만들어내는 사탄의 교묘한 연금술이 도사리고 있었다.

대제사장들과 바리새인들은 하나님의 영광을 가장 가까이에서 선포해야 할 자들이었다. 그러나 역설적이게도 그들은 '하나님의 영광보다 사람의 영광을 더 사랑하는'(요 12:43) 실존적 파산 상태에 머물러 있었다. 예수님이 행하시는 표적들이 민초들의 마음을 사로잡을수록, 그들은 자신들이 구축해 놓은 종교적 권위와 경제적 이권이 무너질까 전전긍긍했다. 그들에게 예수는 진리가 아니라 자신들의 안락한 수조를 깨뜨리려는 위험한 침입자였다. 그들은 종교라는 거룩한 외피를 쓴 채, 기득권이라는 우상을 수호하기 위해 기꺼이 신을 살해할 모의를 꾸몄다.

로마의 총독 본디오 빌라도는 이 거대한 드라마에서 '법과 정의'의 상징처럼 서 있었다. 그는 예수의 무죄를 직감했으나, 그의 앞에는 '정권 유지'라는 서슬 퍼런 칼날이 놓여 있었다. 유대인들의 잦은 소요로 인해 로마 황제 티베리우스로부터 경고를 받았던 빌라도에게, 예수는 살려두기엔 정치적 위험이 너무 크고 죽이기엔 양심이 찔리는 곤혹스러운 존재였다. 빌라도는 "네가 유대인의 왕이냐"고 물으며 진리를 탐색하는 듯했으나, 결국 군중의 함성과 "카이사르의 친구가 아니니이다"라는 협박 앞에 무릎을 꿇었다. 그의 자유의지는 정의가 아닌 안정을, 진리가 아닌 생존을 선택했다. 손을 씻으며 무죄를 강변했으나, 그 물은 결코 비겁함의 흔적을 닦아내지 못했다.

갈릴리의 분봉왕 헤롯은 예수를 단순한 호기심의 대상으로 여겼다. 그는 일찍이 세례 요한을 죽였던 죄책감과 두려움을 품고 있었으나, 예수를 대면했을 때는 오직 자신의 눈을 즐겁게 할 마술적 기적만을 요구했다. 헤롯에게 왕권은 책임이 아니라 유희였고, 예수는 그 유희를 충족시켜 줄 도구일 뿐이었다. 예수가 침묵하자 그는 곧바로 조롱과 희롱으로 응수했다. 그의 왕권욕은 초라한 자존감을 지키기 위한 방어기제였고, 그 허영심은 빌라도와의 기묘한 화해를 이루는 촉매제가 되었다.

성경은 그날의 기이한 풍경을 이렇게 기록한다. "헤롯과 빌라도가 전에는 원수였으나 당일에 서로 친구가 되니라"(눅 23:12). 평소 권력 다툼으로 날을 세우던 원수들이 '예수 제거'라는 공동의 목표 아래 형제가 된 것이다. 사탄은 각자의 유익을 위해 움직이는 인간들의 뒤틀린 자유의지를 하나로 묶어, 역사상 유례없는 '악의 단일 대오'를 형성했다. 헤롯은 왕권을 위해, 빌라도는 정권을 위해, 유대 지도자들은 기득권을 위해 칼을 휘둘렀으나, 그 칼 끝은 모두 한곳을 향하고 있었다. 사탄은 모든 탐욕을 '형제애'라는 이름으로 포장하여 그들을 조종했다. 인간은 각자 자기 유익을 위해 선택했다고 믿었으나, 사실은 어둠의 군주가 쳐놓은 거미줄에 걸린 꼭두각시에 불과했다.

　　그러나 이 검은 연합조차 하나님의 원대한 계획 안에서는 인류 구원의 마지막 관문인 '대속의 제단'을 쌓는 도구가 될 뿐이었다. 이들의 일그러진 모습은 사실 우리 자신의 거울이기도 하다. 만약 우리가 그날 그 군중 속에 있었다면, 우리 역시 "십자가에 못 박으라"고 목소리를 높였을지도 모른다. 눈으로 보고도 메시아를 등지고 다시 한 번 자유의지를 오용하는 것이 타락한 인류의 자화상이기 때문이다.

　　이 모든 배신과 비극을 인지하고 계셨던 예수님은 도수장에 끌려가는 어린 양과 같이 묵묵히 침묵을 지키셨다. 그분은 천사 군단을 즉시 동원하여 세상을 심판하실 수 있는 권능의 하나님이셨으나, 스스로 그 권능을 절제하셨다. 겟세마네 동산에서 핏방울 같은 땀을 흘리셨던 그 기도는 대속의 무게를 온몸으로 견디는 창조주의 깊은 슬픔이었다.

　　죄의 무게는 단순히 선악과 하나를 따 먹은 결과가 아니다. 그것은 하나님이 직접 인간의 몸을 입고 조롱과 멸시를 당하며 생명까지 내어놓아야 할 만큼 엄중한 것이었다. "여호와께서는 우리 모두의 죄악을 그에게 담당시키셨도다"라는 말씀처럼, 우리의 죄는 신의 생명 값으로만 지불 될 수 있는 것이었다. 어느 찬송작가의 고백처럼, 온 바다를 먹물 삼고 하늘을 두루마리 삼아도 다 기록할 수 없는 그 무한한 사랑의 항복 선언이 십자가 위에서 울려 퍼지려 하고 있었다. 가장 어두운 인간의 악의가 가장 눈부신 신의 선의를 성취하는 재료가 되는 역설. 이제 예루살렘의 밤은 깊어가고, 일그러진 권력의 연합은 십자가라는 거대한 제단을 향해 메시아를 몰아가고 있었다. 인류 역사상 가장 치욕적인 이 연합의 끝에서, 하나님은 가장 영광스러운 반전을 준비하고 계셨다.

Chapter 23 : 긴박한 시간 ― 심비(心碑)에 흐르는 유월절의 선혈

예루살렘의 공기는 차갑고도 무거웠다. 대제사장들의 음모와 빌라도의 방관, 헤롯의 조롱이 뒤섞인 '악의 합주'가 절정에 달했을 때, 역사의 시계바늘은 인류가 단 한 번도 경험하지 못한 가장 긴박한 '카이로스'의 시간으로 진입하고 있었다. 이 긴박함의 뿌리는 수천 년 전, 애굽의 전역을 뒤덮었던 죽음의 그림자와 그 속에서 피어난 붉은 생명의 서약, 즉 출애굽의 유월절 밤으로 거슬러 올라간다.

출애굽기 12장의 그 밤, 애굽은 비명과 통곡의 도가니였다. 하나님의 심판인 '죽음의 천사'가 온 땅을 휩쓸 때, 생사를 가른 것은 그 집안사람의 도덕성이나 신분이 아니었다. 천사의 시선이 머문 곳은 오직 하나, 문설주와 인방에 발라진 '어린 양의 피'였다. 만약 이스라엘 백성이라 할지라도 교만하여 피를 바르지 않았다면 그 집의 장자는 죽음을 피할 수 없었을 것이며, 반대로 애굽인이라 할지라도 두려움 속에 양을 잡아 그 피를 문에 적셨다면 죽음의 천사는 그 집을 넘어갔을 것이다. 여기에는 타협 없는 영적 원리가 흐른다. "생명이 피에 있음이라"(레 17:11). 심판의 기준은 인간의 의로움이 아니라, 그 생명을 대신해 흘려진 대속의 흔적에 있었다. 피는 곧 생명이며, 그 피가 발라져 있다는 것은 누군가 나를 대신해 이미 죽음을 맞이했다는 법적 선언이었기 때문이다.

예수님의 공생애는 늘 '때'를 향한 정교한 발걸음이었다. 바리새인들이 돌을 들었을 때도, 군중들이 억지로 임금을 삼으려 했을 때도 그분은 "아직 내 때가 이르지 아니하였다"며 몸을 피하셨다. 그러나 유대인의 가장 큰 명절인 유월절이 다가오자, 영원 속에서 계획된 시간의 톱니바퀴가 마침내 맞물리기 시작했다. 세상 죄를 지고 가는 '하나님의 어린 양'으로서 예수님은 유월절 양이 잡히는 바로 그 시각에 자신을 제물로 내어놓기로 결단하셨다. 예루살렘 성안에 유월절 제사를 위해 수없이 많은 양이 끌려들어오고 있을 때, 진짜 유월절 어린 양이신 그리스도께서도 도수장으로 향하는 길목에 서 계셨다. 이제 더 이상 은폐도, 회피도 없었다. 사탄은 인간의 권력을 동원해 그분을 제거하려 했으나, 역설적이게도 그것은 하나님의 구원 계획을 완성하는 필연의 과정이 되고 있었다.

십자가라는 외적 처형대에 오르기 전, 주님은 이미 영혼의 단절과 처절한 외로움의 심연을 통과하셔야 했다. 유대 지도자들의 가증스러운 침 뱉음과 로마 군병들의 무자비한 채찍질, 가시 면류관 아래로 흐르는 선혈은 창조주가 피조물에게 당하는 존재론적 치욕이었다. 그 치욕에 무게를 더한 것은 사랑했던 제자들의 배신이었다. 3년을 동고동락하며 생명의 말씀을 나누었던 이들이 뿔뿔이 흩어지고, 수제자조차 그분을 저주하며 부인했을 때, 우주를 창조하신 이의 가슴에 새겨진 고독은 인류의 언어로 다 표현할 수 없는 처절한 것이었다.

예수님은 이 모든 배신과 수치, 육신의 찢김을 미리 알고 계셨다. 그렇기에 겟세마네 동산에서의 기도는 더욱 처절했다. 그곳은 사탄과의 최후 결전지이자 다가올 고립무원의 시간을 대비하는 영적 성소였다. 땀방울이 핏방울이 되어 땅을 적셨던 그 사투는, 홀로 모든 저주를 짊어져야 하는 대속자의 거룩한 두려움이었다. 주님은 그곳에서

"아버지의 원대로 하옵소서"라는 순종으로 이 모든 치욕을 기꺼이 받아내기로 결정하셨다. 이토록 참혹한 대가가 지불되어야 했다는 사실은 우리가 가볍게 여기는 '죄'가 얼마나 무서운 괴물인지를 상기시킨다. 죄는 단순히 윤리적 실수가 아니라, 하나님의 아들이 채찍에 맞고 조롱당하며 하나님으로부터 완전히 버림받아야만 해결될 수 있는 영적인 파국이다. 인간의 배신과 악의가 빚어낸 이 비극적인 풍경은 죄가 파괴한 질서의 참상을 여과 없이 보여준다.

그러나 여기서 우리는 더 깊은 하나님의 사랑을 발견한다. 태초에 하나님께서 인간에게 자유의지를 허락하시고 그 코에 생기를 불어넣으시며 "보시기에 심히 좋았더라"고 감탄하셨을 때, 창조주는 이미 인간이 그 자유의지를 오용하여 창조주를 배반하고 십자가로 몰아넣을 미래를 보고 계셨다. 인간이 신을 죽이려 할 것을 아셨음에도 불구하고 하나님은 인간을 만드셨다. 창조의 기쁨 속에는 이미 아들을 제물로 내어놓아야 할 십자가의 슬픔이 내포되어 있었으나, 하나님은 사랑하기 위해 그 고통을 기꺼이 작정하셨다. 십자가는 우발적인 사고가 아니라 실패할 것을 알면서도 끝까지 인간을 포기하지 않으신 하나님의 '무모한 사랑'이 계획한 필연적 산물이었다.

　　출애굽의 밤 문설주에 발라졌던 어린 양의 피는 이제 우리 각자의 '마음 문'으로 옮겨왔다. 성경은 오늘날 우리에게 묻는다. 예수 그리스도의 보혈이 당신의 심비에 붉게 칠해져 있는가? 종교적인 지식이나 도덕적인 완성이 우리를 구원하지 못한다. 죽음의 천사는 오직 '피'를 보고 넘어간다. 가장 사랑받던 존재에게 배신당하고, 가장 고귀한 자로서 가장 천한 대우를 받으면서도 끝내 우리를 사랑하기로 하신 그분의 피만이 우리를 살린다. 예루살렘의 어둠은 짙어지고 유월절의 달빛은 차갑게 빛나고 있었다. 이제 인류 역사상 가장 긴박한 시간이 지나고 나면, 하나님의 아들이 직접 제물이 되어 '죽음의 잔'을 드시는 대속의 아침이 밝아올 것이다. 생명의 피가 흐르는 곳에만 죽음이 물러가는 그 엄중한 역설이 지금 십자가 위에서 성취되려 하고 있다.

Chapter 24 : 결전의 날 — 십자가, 패배를 가장한 거룩한 승리

　　예루살렘의 지평선 위로 피처럼 붉은 태양이 떠올랐다. 이 날은 단순한 하루가 아니었다. 태초부터 시작된 보이지 않는 전쟁이 가시적인 역사의 한 점으로 응축되어 폭발한 '결전의 날'이었다. 하나님이 인간의 몸을 입고 이 땅에 발을 내디디셨을 때, 그분의 가슴에는 두 가지 거대한 목적이 새겨져 있었다. 하나는 죄의 늪에 빠진 인류를 건져내시는 것이요, 다른 하나는 죽음의 권세를 잡은 사탄의 머리를 박살 내어 그 폭정을 종식하는 것이었다.

　　이 결전은 결코 우발적인 사건이 아니었다. 인류가 에덴에서 타락한 직후, 하나님은 뱀을 향해 엄중한 선언을 내리셨다. "내가 너로 여자와 원수가 되게 하고 네 후손도 여자의 후손과 원수가 되게 하리니 여자의 후손은 네 머리를 상하게 할 것이요 너는 그의 발꿈치를 상하게 할 것이니라"(창 3:15). 이른바 '원시 복음'이라 불리는 이 예언은 역사의 물줄기를 관통하여 흐르는 거대한 강물과 같았다.

하나님은 이 약속을 성취하시기 위해 아브라함을 부르시고 이스라엘이라는 민족을 연단하시며 수많은 선지자의 입을 통해 메시아의 길을 예비하셨다. 오랜 세월 동안 진행된 역사의 수레바퀴는 드디어 그 약속의 정점, 골고다의 언덕을 향해 멈춤 없이 굴러가고 있었다.

사탄은 영민했다. 그는 예수가 단순한 인간이 아니라 하늘의 권세를 가진 메시아임을 일찍이 알아차렸다. 사탄은 자신이 창세 때 아담과 하와를 무너뜨렸던 것과 같은 방식으로 예수의 사역을 방해하고자 모든 지혜를 짜냈다. 그는 인간의 가장 추악한 본성인 탐욕과 시기, 두려움을 자극하여 종교 지도자들과 권력자들을 하나의 악한 연대로 묶었다. 사탄의 계산은 단순하면서도 치명적이었다. '메시아만 죽일 수 있다면 그의 계획은 성공할 것'이라고 확신했다. 그는 예수를 십자가에 못 박는 것이 자신의 영원한 승리이자 하나님의 패배라고 믿었다. 사탄은 악의 형제들을 충동질하며 그 거대한 도박을 준비했고, 예수의 숨이 끊어지는 순간 자신의 왕국이 영원히 공고해질 줄 알았다.

그러나 여기에 창조주와 피조물의 결정적인 차이가 있었다. 사탄은 지혜로웠으나 하나님의 '어리석음'보다 못했다. 사탄이 회심의 일격이라고 믿으며 휘두른 십자가라는 칼날은 사실 하나님께서 인류의 죄 문제를 단번에 해결하기 위해 예비하신 대속의 제단이었다. 하나님은 사탄의 악한 의지마저도 자신의 거룩한 목적을 이루는 도구로 사용하셨다. 사탄이 예수를 십자가로 몰아넣은 것은 그분의 '발꿈치를 상하게 하는' 정도의 타격이었으나, 예수께서 십자가에서 흘리신 피는 오히려 사탄의 권세인 '죄와 사망'의 근간을 뿌리째 뒤흔드는 핵폭탄이 되었다. 사탄은 메시아를 죽였다고 환호했으나 그 죽음이 바로 인류를 죄에서 해방하고 자신의 머리를 박살 내는 결정타가 될 줄은 꿈에도 몰랐다. 이것이 바로 창조주와 피조물의 지혜의 간극이다.

골고다는 단순한 처형지가 아니었다. 그곳은 인간에게 부여된 자유의지가 '누가 진정으로 하나님을 사랑하는가'를 가려내는 영적인 분수령이었다. 하나님은 때로 사탄의 방해나 삶의 고난을 '물메기'와 같은 연단의 도구로 사용하신다. 수조 속의 물고기들이 포식자인 물메기로 인해 더욱 강인해지듯, 하나님은 악의 존재와 시련을 통해 당신의 백성이 깨어있게 하셨다. 만약 이러한 영적 긴장과 연단이 없었더라면 하나님은 이 땅을 살아가는 수많은 소중한 영혼을 잃으셨을지도 모른다.

하나님은 예수라는 '작은 희생'을 통해 수많은 인류를 살리시는 지혜를 발휘하셨다. 이 거대한 구원의 역사를 위해 하나님은 긴 시간 동안 인류 역사에 개입해 오셨다. 인간의 눈에는 역사가 지체되는 것처럼 보였을지 모르나 하나님은 가장 정확한 때에 맞춰 톱니바퀴를 돌리고 계셨다. 그 긴 침묵과 기다림은 결국 인류가 하나님의 그 깊고 오묘한 사랑을 스스로 깨달을 때까지 참아주신 창조주의 인내였다.

결전의 날, 골고다 위에 세워진 십자가는 겉보기에 가장 처참한 패배의 상징이었다. 만왕의 왕이 벌거벗겨진 채 조롱당하고 하늘의 주인이 땅의 흙먼지 속에서 숨을 거두는 장면은 사탄의 승리처럼 보였다. 하지만 그 정적의 순간, 영적인 세계에서는 거대한 대반전이 일어나고 있었다. 예수님은 십자가 위에서 "다 이루었다"고 외치셨다.

이 외침은 사탄의 모든 계략이 무력화되었음을 알리는 선전포고이자 인류의 죄 빚이 탕감되었음을 선포하는 법적 선언이었다. 이제 사탄의 교만한 지혜가 하나님의 겸손한 사랑 앞에 무너졌고 인류의 운명은 영원히 바뀌었다. 십자가는 오늘도 우리를 향해 인내하며 기다리시는 하나님의 사랑이 우리 심령에 벅찬 감동으로 흐르는 영원한 현재 진행형의 약속이다.

Chapter 25 : 다 이루었다 — 부활의 첫 열매와 다시 오실 약속

골고다의 거친 숨을 몰아침 끝에 울려 퍼진 한마디, "다 이루었다." 이 선언은 패배자의 마지막 신음이 아니라 온 우주를 향해 선포된 장엄한 승리의 함성이었다. 그것은 사탄에게는 최후의 패배를 알리는 선포였으며, 오용된 자유의지로 인해 길을 잃었던 인류에게는 다시금 생명의 길로 회복되었음을 알리는 장엄한 선언이었다.

예수님께서는 인성의 고통이 극에 달한 순간에도 십자가 위에서 일곱 마디의 말씀(가상칠언)을 남기셨다. 그 마지막을 장식한 "다 이루었다"는 선언은 단순히 생명의 불꽃이 꺼져간다는 의미가 아니었다. 그것은 천한 이 땅에 인간의 몸을 입고 오셔서 인류 구원이라는 거대한 대사역을 완수하셨다는 성취의 고백이었다. 그 방법은 사탄도, 제자들도 몰랐지만 주님은 묵묵히 그 길을 가셨다. 우리는 이미 지난 역사로서 이를 인지하지만, 과거와 미래를 한눈에 조망하시는 하나님이기에 가능한 원대한 계획이었다.

사탄의 패배는 그의 교만에서 기인했다. 태초에 하나님을 배신했을 때부터 그는 자신의 한계를 알았어야 했다. 그러나 그는 자만했고 그 결과 모든 책임을 홀로 져야 하는 비참한 상태로 전락했다. 성경은 인류에게 끊임없이 경고한다. "교만은 패망의 선봉이요 겸손은 존귀의 앞잡이다." 예수님도 "나는 마음이 온유하고 겸손하다"고 자신을 소개하셨다. 만왕의 왕이 죽기까지 복종하신 그 겸손이 결국 사탄의 교만을 꺾고 인류를 다시 존귀한 자리에 앉혔다.

예수님은 돌아가신 지 사흘 만에 부활하셨다. 예수님의 부활은 그분이 죄 없으신 의인이라는 증거였고, 우리 또한 주님의 공로로 거룩한 피가 심비(心碑)에 발려져 있으면 함께 살아난다는 약속의 신호이자 첫 열매였다. 우리는 이제 승리의 시대를 살고 있다. 그러나 사탄의 역사가 완전히 끝난 것은 아니다. 그는 지금도 '우는 사자'와 같이 두루 다니며 삼킬 자를 찾고 있다.

인류 역사는 끊임없이 하나님 없이 스스로를 지키려는 시도를 반복한다. 홍수 이후 인류가 바벨탑을 쌓으며 흩어짐을 면하려 했을 때 하나님은 언어를 혼잡하게 하셨다. 오늘날 사람들은 다시 과학을 통해 언어의 장벽을 없애고 하나님을 배제한 문명을 세우려 한다. 모든 과학의 발달이 하나님을 배제한 쪽으로 초점이 맞춰지고 있는 현대판 바벨탑의 시대다.

예수님은 하늘로 올라가시면서 우리의 거처가 예비되면 다시 오시겠다고 약속하셨다. 우리는 지금 그 약속의 시간을 살아가고 있다. 마지막 때를 준비하며 살아가는 신실한 신앙인이 되어야 한다. 십자가의 감동을 가슴에 품고 다시 오실 주님을 맞이할 등불을 준비하는 것, 그것이 이 시대를 살아가는 우리의 소명이다.

Chapter 26 : 새 하늘과 새 땅 — 회복된 에덴과 영원한 입성

예수 그리스도의 십자가 사건으로 인류 구원의 객관적인 역사는 완성되었다. "다 이루었다"는 선언과 함께 구원의 길은 활짝 열렸으나, 이제 그 길을 걸어갈 것인가에 대한 최종적인 선택은 우리 각자의 몫으로 남겨졌다. 이는 인류의 조상 아담에게 주어졌던 자유의지의 시험이 그리스도의 대속이라는 '교과서'를 통해 우리 앞에 다시금 놓인 것과 같다.

아담은 아무런 실패의 선례가 없는 상태에서 시험을 맞이했으나 오늘날 우리에게는 아담의 타락이라는 뼈아픈 교훈이 존재한다. 우리는 자유의지를 오용했을 때 마주하는 죄의 무서움과 그로 인한 파멸을 이미 목격했다. 동시에 그 처참한 실패를 딛고 일어선 하나님의 무한한 사랑과 십자가의 은혜 또한 보았다. 이제 우리에게 주어진 책임은 엄중하다. 하나님은 우리를 강제로 구원하지 않으시며 오직 우리의 자발적인 사랑과 결단을 기다리신다. 우리가 살아가는 이 시간은 우리에게 주어진 생애 단 한 번의 시험 시간이다. 다음이라는 기회는 없다. 예수님께서는 이미 알려주신 구원의 방법을 두 번 다시 반복하지 않으실 것이기에 우리는 현재라는 시간 속에서 올바른 선택을 해야 한다.

하나님께서는 인류를 구원하시는 과정에서 우리를 단순한 수혜자로 머물게 하지 않으셨다. 놀랍게도 창조주께서는 연약한 인간을 당신의 '파트너'로 삼으셨다. 하나님은 천사나 기적이 아니라 구원받은 사람들의 입술과 손길을 통해 생명 구원의 사역을 이어가기를 기뻐하신다. 일만 달란트의 빚을 탕감받은 자로서 우리가 이 사역에 동참하는 것은 당연한 도리다. 그러나 은혜가 풍성하신 하나님께서는 그 작은 헌신조차 '상 주신다'고 약속하셨다. 이 땅에서 우리의 사명이 마무리될 때 우리는 죽음이라는 영적인 요단강을 건너 하나님 나라에 입성하게 된다.

'하나님 나라'라는 이름만으로도 가슴이 벅차오른다. 그곳은 죄가 완전히 박멸된 나라다. 아담이 테스트받았던 에덴동산이 이제는 더 이상 유혹이나 테스트가 없는 완성된 나라로 우리 앞에 다가올 것이다. 죄가 없기에 죄를 틈타 인류에게 들어왔던 죽음, 아픔, 슬픔의 모든 고통이 영원히 사라진 세상이 펼쳐질 것이다. 다시는 자유의지를 통한 테스트가 없는 나라, 우리는 이미 그 시험을 통과하였다.

이 세상에서는 '눈은 보아도 족함이 없고 귀는 들어도 가득 차지' 않지만, 그 나라는 온갖 보석과 생명수로 장식되어 더 이상 욕심을 부릴 필요가 없는 충만한 곳이다. 처음의 에덴보다 더 찬란한 동산이 우리 앞에 펼쳐질 것이다. 우리는 역사를 통해 인간의 실패가 어떻게 하나님의 손길 안에서 '정금'으로 변화되는지를 배웠다. 하나님께서는 자유의지를 인류에게 주시고 이를 심히 기뻐하셨음을 역사를 통해 증명하셨고, 실패한 인간을 어떻게 정금으로 만드시는지를 몸소 보여주셨다.

우리는 지금 새 하늘과 새 땅의 문턱에 서 있다. 십자가에서 시작된 승리의 행진은 이제 영원한 입성을 앞두고 있다. 그때 우리는 고백할 것이다. 우리의 선택이 옳았음을, 우리의 실패조차 정금으로 빚으신 하나님의 지혜가 얼

마나 경이로운지를. 인류 역사의 마지막 장은 마침표가 아
니라 하나님과 함께 누리는 영원한 삶의 첫 문장으로 기
록될 것이다.

임 석인 목사

서울대학교 음악대학 졸업
벨기에 왕립 음악원 졸업
국립 교향악단 단원
광주 시립 교향악단 상임수석
전남대, 조선대, 전북대, 목포대 강사
CBS 여성합창단 지휘자

현재

영화음악, 성가곡, 칸타타 등 자작곡 앨범 9집 발매
신앙에세이 8권 출간
새벽이슬교회 설교목사
찬송가 206장 작곡가
광주 크리스천 아카데미 대표

Youtube

임석인의 음악세상
임석인의 찬양세상
임석인 신앙 에세이